세상을 바꾼 위대한 아이디어 1

백신의 역사

코로나19가 전 세계적으로 유행하는 동안

세상이 돌아가는 데 꼭 필요한 일을 해 주신 분들을 위하여

A SHOT IN THE ARM!
by Don Brown

일러두기

별표(*)를 따로 표시하지 않은 따옴표 안의 말들은 실제로 했던 말들을 인용한 것입니다.

세상을 바꾼 위대한 아이디어 1

백신의 역사

돈 브라운 글·그림
정초하 옮김

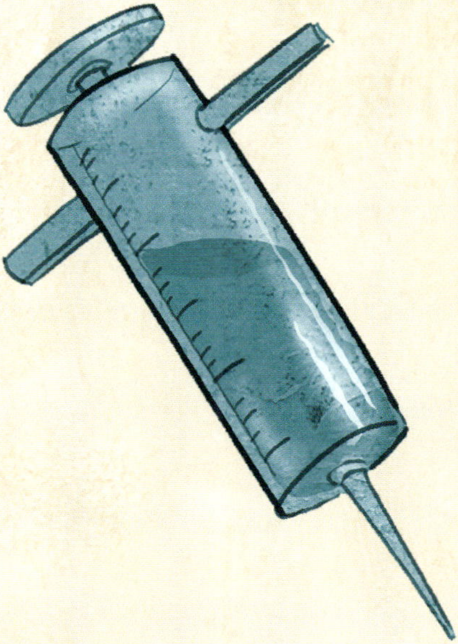

두레아이들

1730년, 런던
아, 여기 있었구나… 여러분을 기다리고 있었어.
할 이야기가 많아… 끔찍한 병에 대해서 말이야.
하지만 꼭 끔찍한 것에 대해서만 얘기하려는 건 아니야. 그런 것만 듣고 싶은 사람이 누가 있겠어?
그 이상의 이야기를 하려고 해. 끔찍한 것을 덜 끔찍하게 하거나, 때로는 완전히 사라지게 한 위대한 생각에 대해 해 줄 말이 많단다.

지금부터 들려주는 이야기는 매우 흥미롭고도 중요한 이야기야…. 그리고 나도 등장하지. 나에 관한 이야기가 중요한 이야기일지 아니면 그냥 흥미로운 이야기일지는 여러분 판단에 맡길게.
자, 그럼, 먼저 내 소개를 할게.

나는 메리 워틀리 몬터규 부인이야! 1689년에 영국 런던에서 태어났어. 나는 작가였어, 아니, 적어도 작가이길 자처했지. 주제넘게 말하자면, 무지 뛰어난 작가였어! 열여섯 살밖에 안 된 나이에 시 두 권과 짧은 소설 하나를 썼거든.
하지만 내 글을 기억하는 사람은 이제 거의 없어. 난 그 추하고 고약한 병이 아니면 완전히 잊힐 거야. 천연두 말이야! 천연두를 모른다고? 당연히 모르겠지.
지금 사람들이 이 병을 모르는 건 단순히 운이 좋아서가 아니야. 여기에는 더 많은 이야기가 숨어 있지.
그럼 이제부터 모든 것들을 하나하나 차근차근 들려줄게.

천연두는 몸 구석구석에 엄청나게 해를 끼치는 병이야. 불행한 환자들 10명 중 3명은 죽지. 눈이 멀기도 해. 또 숨길 수 없는 발진이 온몸을 뒤덮는데, 이것이 물집(수포, 두, 두진)으로 변한 뒤 흉터를 남겨서 환자의 겉모습을 영원히 망가뜨려 놓지.

내가 살던 시절에는 천연두로 망가진 모습이 흔해서 천연두에 걸렸던 사람에게도 천연두 자국에 대해 말을 꺼낼 수 있었지. 에구, 내가 좀 앞서가네.

천연두는 기침과 재채기, 그리고 옷이나 이불처럼 물집에서 흘러나온 액체로 오염된 물건에 의해 퍼져.

천연두가 어디서 왔는지는 수수께끼야. 우리가 아는 건 천연두가 3000년 전 고대 이집트에 퍼져서 사람들을 괴롭혔다는 거야—파라오 람세스 5세의 미라에서 천연두 흉터를 찾을 수 있지.

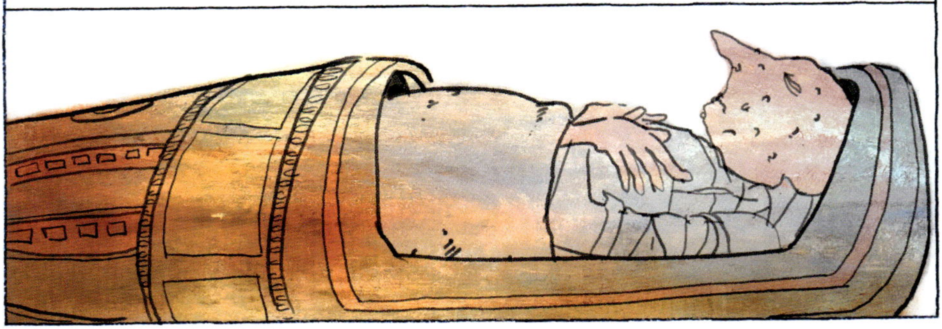

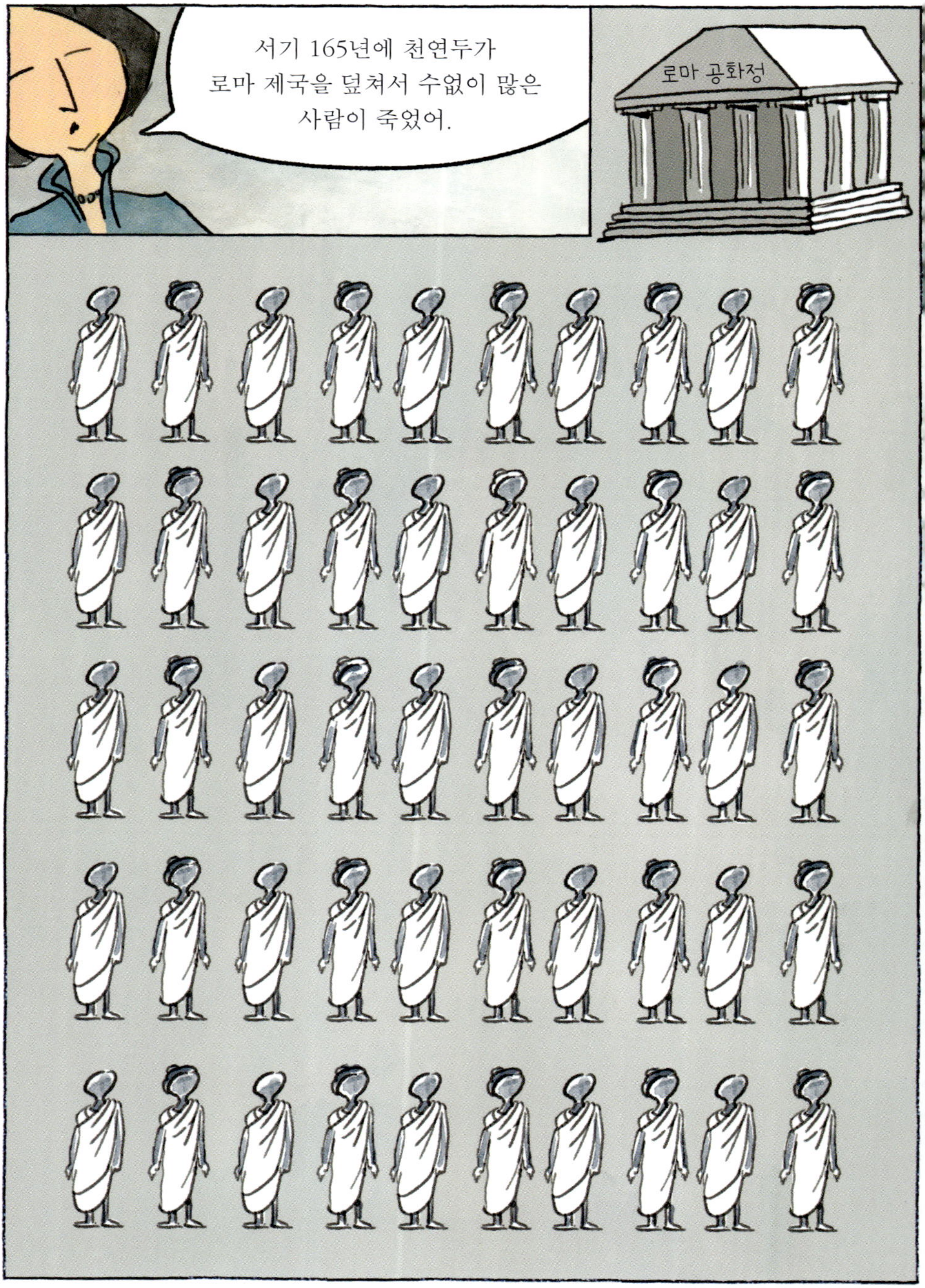
서기 165년에 천연두가
로마 제국을 덮쳐서 수없이 많은
사람이 죽었어.
로마 공화정

그 후 4세기에 무역로를 따라 아시아로 퍼졌지. 이 병을 두려워한 중국에서는 빨간빛이 천연두를 낫게 해 준다는 미신을 믿으며 붉은 옷을 입었어.
일본에서는 '천연두 귀신'을 달래려고 집안마다 제단을 만들었대.
인도에서는 시탈라 마타라는 천연두 여신이 이 병을 일으키거나 고쳐 주기도 한다고 믿는 사람도 생겨났어.

유럽
아프리카

7세기에 천연두는 아랍권이 팽창하면서 북아프리카로 번졌어. 중동을 오가던 십자군은 유럽의 한복판으로 천연두를 옮겨 왔지. 유럽의 탐험가와 식민지 개척자들 때문에 천연두는 또 아프리카로 옮겨 갔어. 서아프리카 문화에서는 소포나라는 천연두 신이 생겨났지.

1507년 무렵, 스페인 선원이 '신대륙' 아메리카에 천연두를 옮겼어.

아메리카에서는 한 번도 본 적 없는 많은 질병 중 하나였던 천연두로 아메리카 원주민들은 거의 멸망되다시피 했어.

1763년에 영국 군대가 아메리카 원주민 지도자 폰티액과 싸웠을 때, 제프리 애머스트 장군이 이끌던 영국인들은 천연두로 오염된 담요로 적군을 감염시킬 계획을 세웠어.

폰티액
애머스트
"우리에게 반항하는 인디언 부족들에게 어떻게든 천연두를 보낼 수 없나? 이번엔 가능한 모든 전략을 동원해 반드시 놈들의 수를 줄여야 해."

그때 계획이 성공했는지는 분명하지 않지만, 영국인들은 미국 독립 전쟁 때 이 전략을 다시 시도했어. 이번에는 천연두에 걸린 노예들을 미국 반란군 사이에서 돌아다니게 했는데, 이 계획은 실패했어.
영국군에게 자랑스러운 일은 아니지. 나도 인정할 수밖에.

18세기에 유럽에서는 천연두로 1년에 약 40만 명이 죽었어. 모두가 위험에 처했지. 이 끔찍한 질병은 부유한 사람과 가난한 사람, 유명한 사람과 이름 없는 사람, 힘 있는 사람과 평범한 사람 등을 가리지 않았거든.

20세기에 전 세계에서 약 3억 명이 천연두로 죽었어. 눈이 멀고 얼굴이 망가진 사람은 그보다 훨씬 더 많았어. 헤아릴 수 없을 만큼 끔찍하고 슬픈 일이었지.

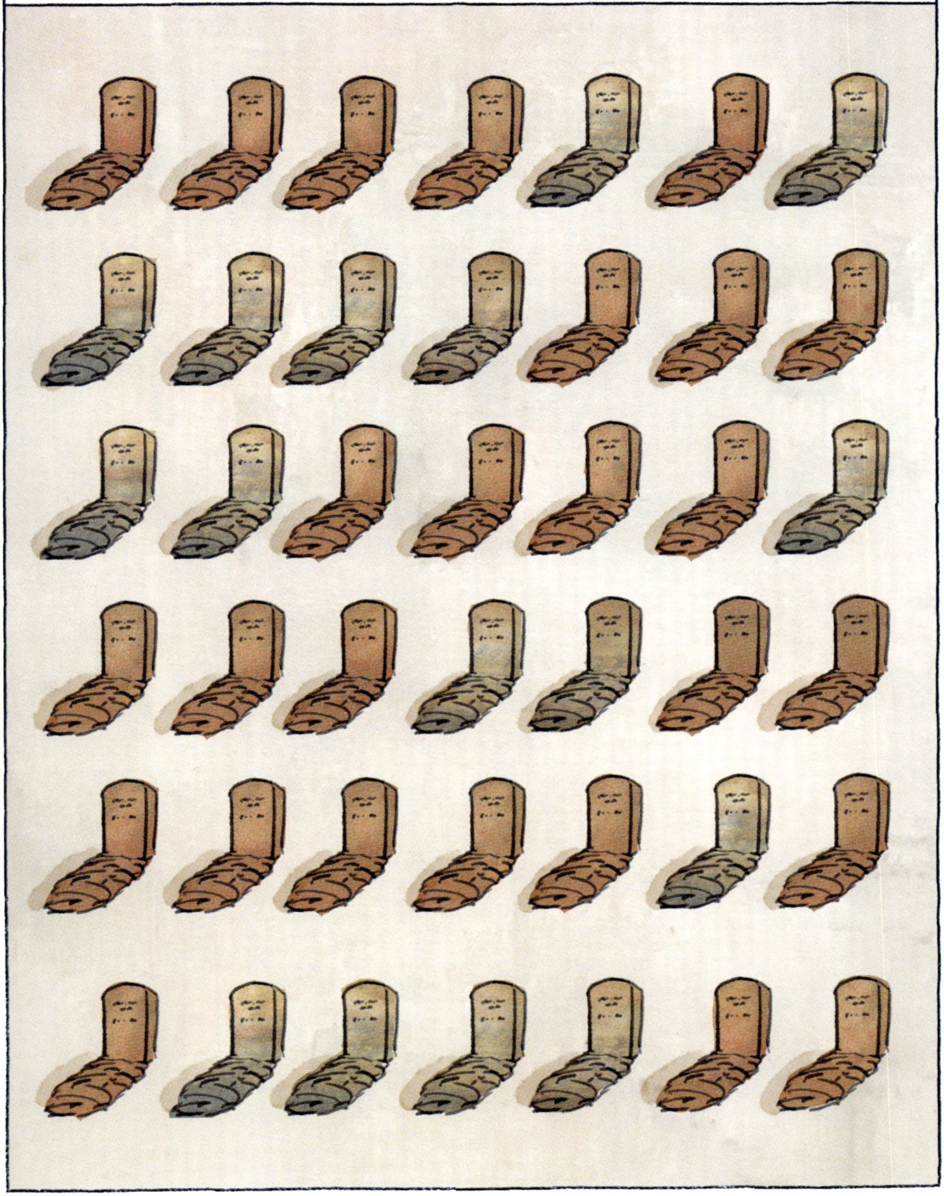

그런데 어떤 사람들은 천연두와 맞서 싸우겠다는 위대한 생각을 했어.

먼저, 사람들은 한번 천연두를 앓았다 살아난 사람은 더 이상 천연두에 걸리지 않는다는 것을 알아챘어. 그러다가 서기 1000년경 중국 어느 지방에서 살던 한 사람이 이런 생각을 했지. '약한 천연두에 걸리면 심한 천연두에 걸리지 않을 뿐만 아니라 앞으로 재발하는 것도 막아 주니, 어떻게 하면 약한 천연두에 걸리게 할까?'

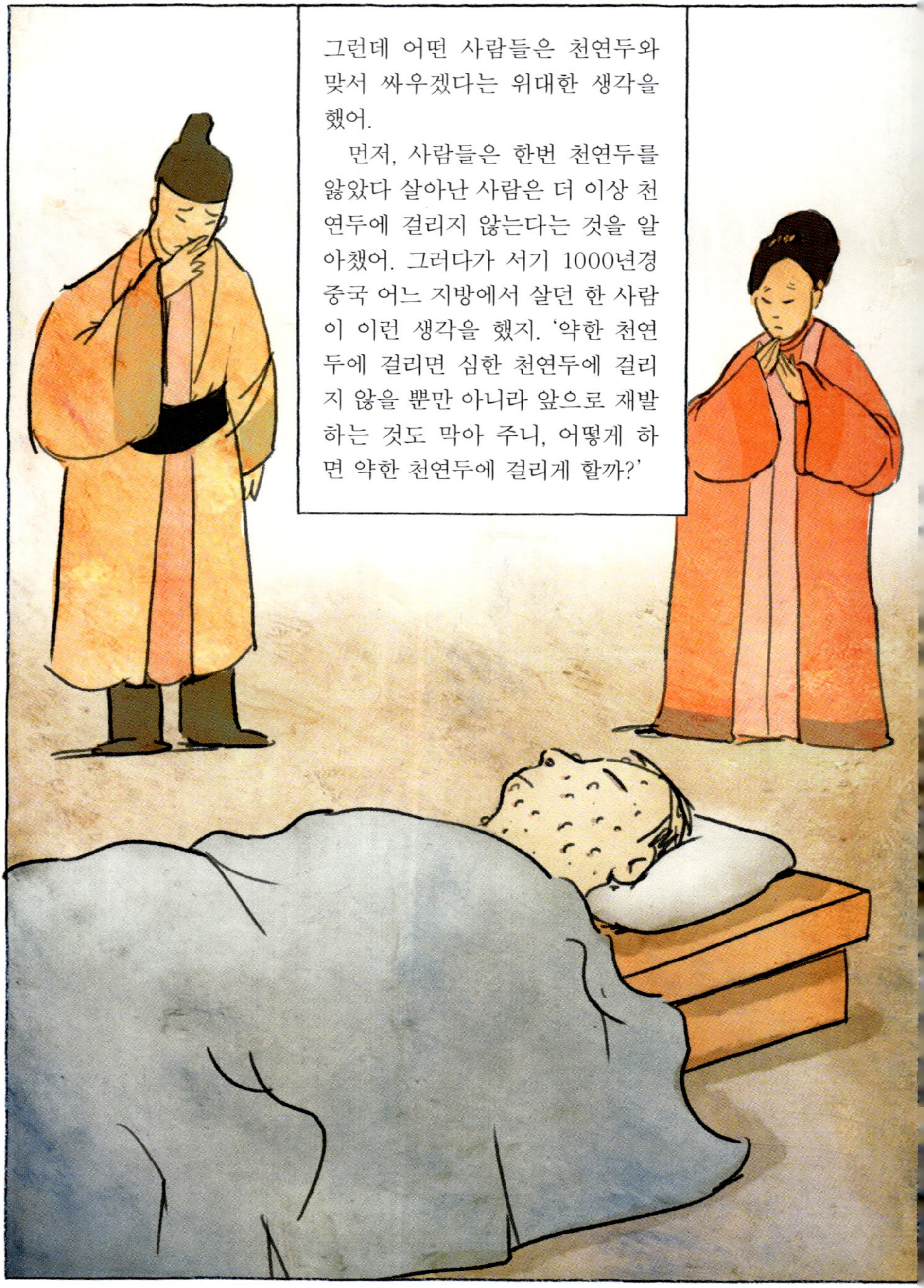

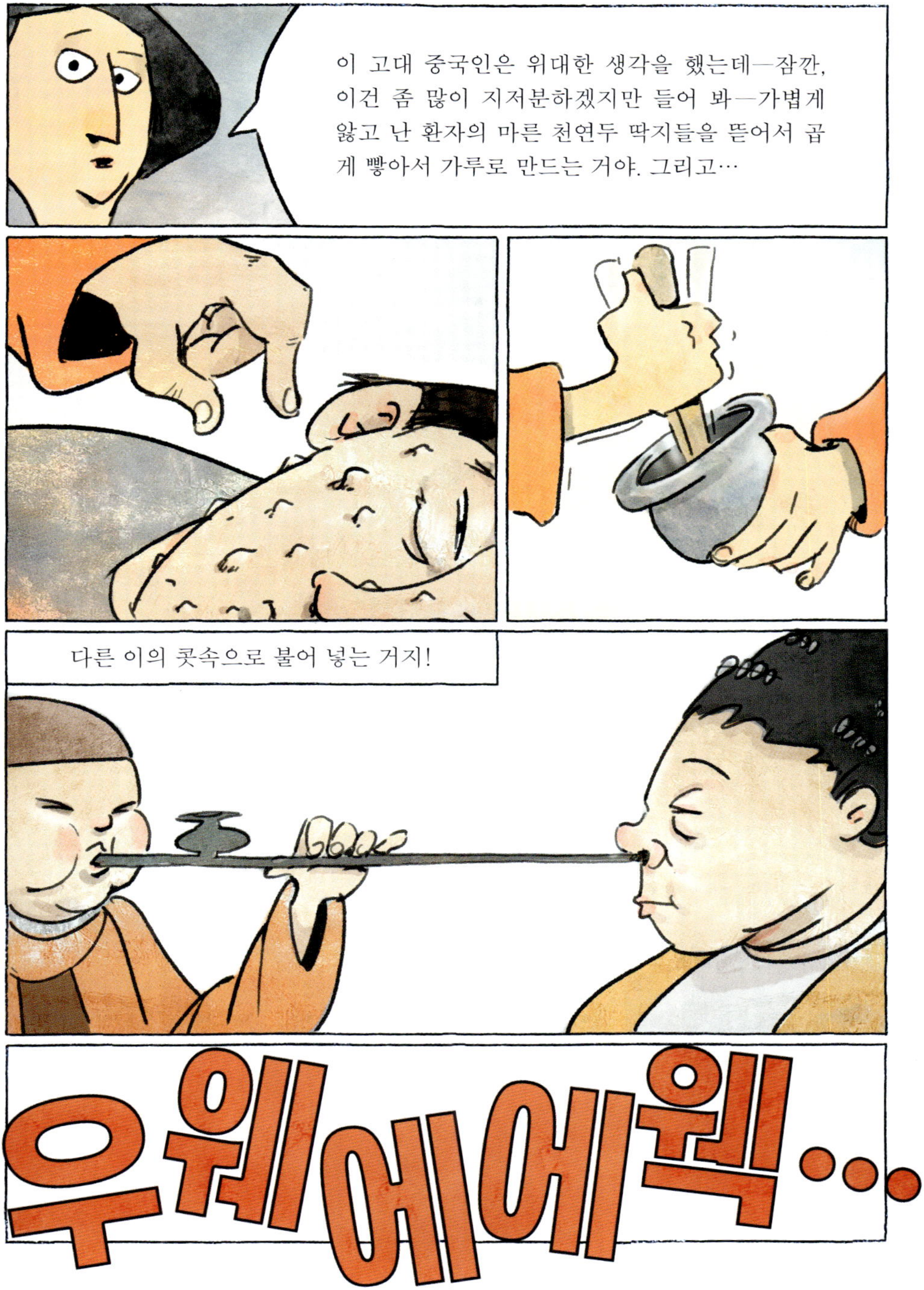

이 고대 중국인은 위대한 생각을 했는데—잠깐, 이건 좀 많이 지저분하겠지만 들어 봐—가볍게 앓고 난 환자의 마른 천연두 딱지들을 뜯어서 곱게 빻아서 가루로 만드는 거야. 그리고…
다른 이의 콧속으로 불어 넣는 거지!
우웨에에웩…

아, 천연두 딱지 가루를 대신한 것도 있었어.
한창 부풀어 오른 물집에서 흘러넘치는 고름을 솜에 묻혀서…

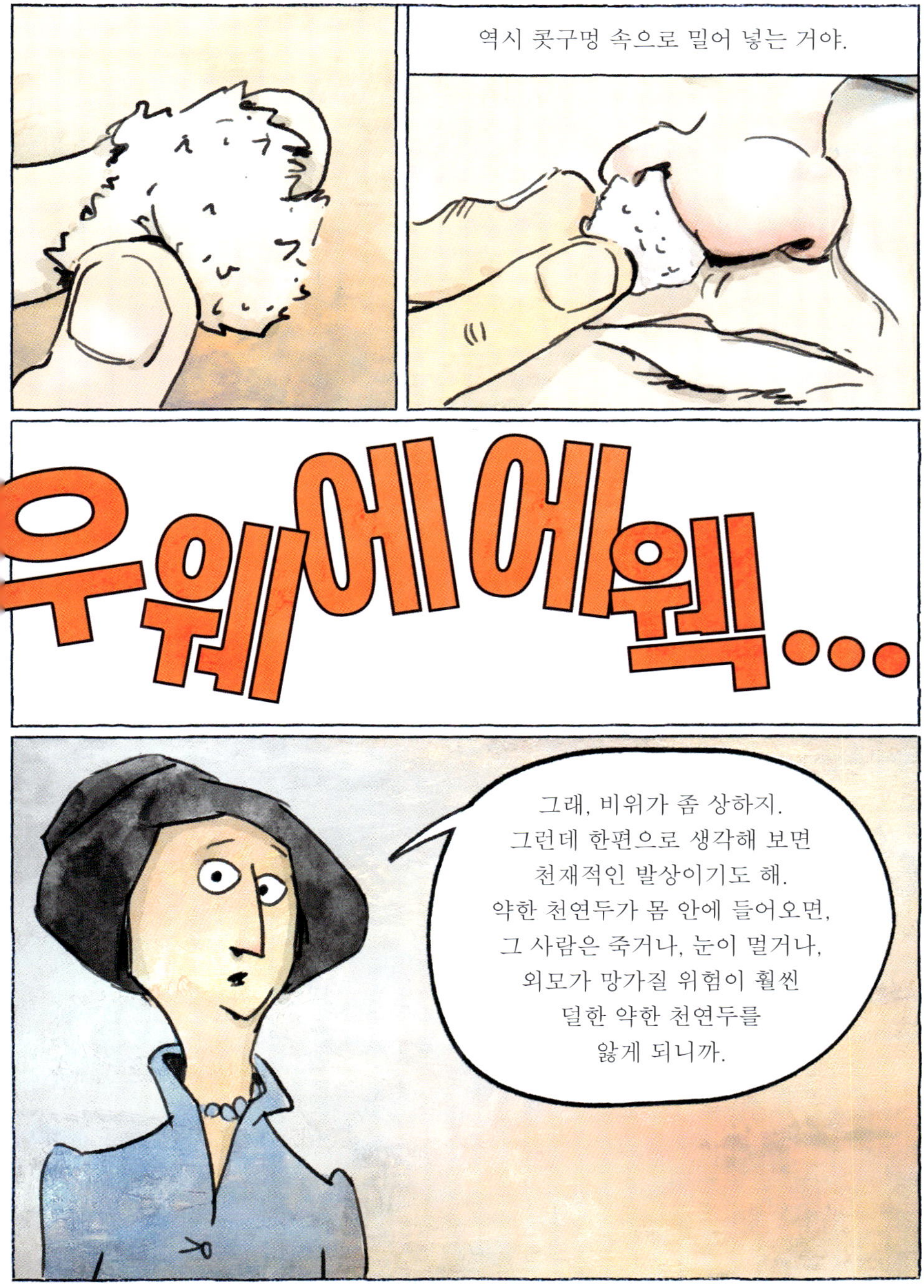
역시 콧구멍 속으로 밀어 넣는 거야.
우웨에에웨익…
그래, 비위가 좀 상하지. 그런데 한편으로 생각해 보면 천재적인 발상이기도 해. 약한 천연두가 몸 안에 들어오면, 그 사람은 죽거나, 눈이 멀거나, 외모가 망가질 위험이 훨씬 덜한 약한 천연두를 앓게 되니까.

이 발상은 과연 통했어. 흡입법—콧속으로 무언가를 불어 넣는 것을 가리키는 거창한
말—은 마침내 중국 아이들이 다섯 살에 치르는 일종의 의식과 비슷한 행사가 되었어.
첫 성찬식이나 바르미츠바, 킨세아녜라, 스위트식스틴처럼 말이야.*

★성찬식은 가톨릭에서 아이가 처음으로 성체를 받는 전통이고, 바르미츠바는 유대교에서 행하는 성인식, 킨세아녜라는 중남미에서 행하는 성인식이며, 스위트 식스틴은 북미에서 성년이 되는 것을 기념해 벌이는 파티를 말함 — 옮긴이.

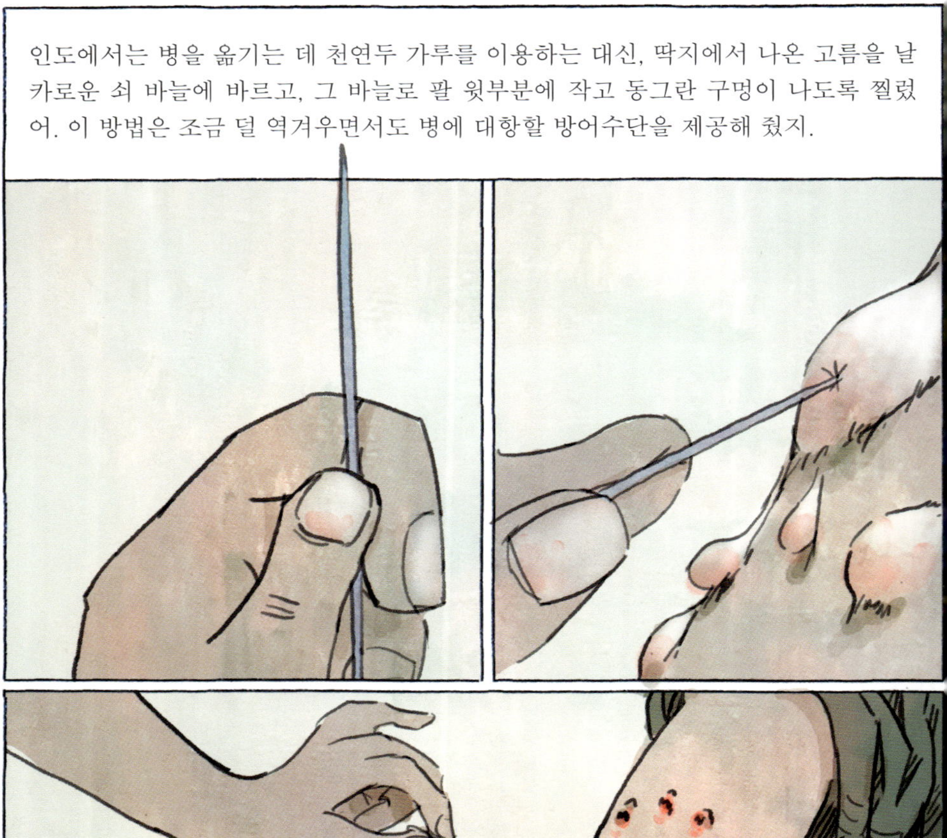
인도에서는 병을 옮기는 데 천연두 가루를 이용하는 대신, 딱지에서 나온 고름을 날카로운 쇠 바늘에 바르고, 그 바늘로 팔 윗부분에 작고 동그란 구멍이 나도록 찔렀어. 이 방법은 조금 덜 역겨우면서도 병에 대항할 방어수단을 제공해 줬지.

어떤 사람들은 중국이 처음으로 천연두에 대응했다는 주장에 의혹을 품고, 17세기 오스만 제국의 튀르크족이 이 방법을 발명했다고 해.
중국, 인도, 튀르크족? 난 어느 역사가가 옳은지 판단하는 일은 제발 안 하고 싶어. 그냥 내 이야기를 계속할게. 내가 언젠가 말했던 것처럼 "긴 이야기까지 하기에는 인생이 너무 짧아."
의외로 오스만 제국의 '운명론자'로 알려진 일부 사람들은 접종을 거부했어. 질병을 막는 건 신의 뜻을 거스르는 일이라고 믿었거든.
내 생각에 신은 신자들이 건강하기를 더 바랄 거야.

이제 드디어… 내가 등장하는 부분이야! 그런데 비극적인 이야기로 시작할 수밖에 없구나.
윌리엄
많은 사람에게 손을 뻗쳤던 그 끔찍한 질병이 내 가족도 덮쳤어. 1713년에 내 남동생이 천연두로 죽고 말았어.

그러고 나서 2년 뒤 나도 천연두에 걸렸지.
난 몰골이 흉측해지고, 틀림없이 죽을 거라고 생각했어.
다행히 죽는 건 피했지만 몰골이 흉측해지는 건 피하지 못했지. 속눈썹을 잃었고, 피부 곳곳에 움푹 파인 자국이 남았어.

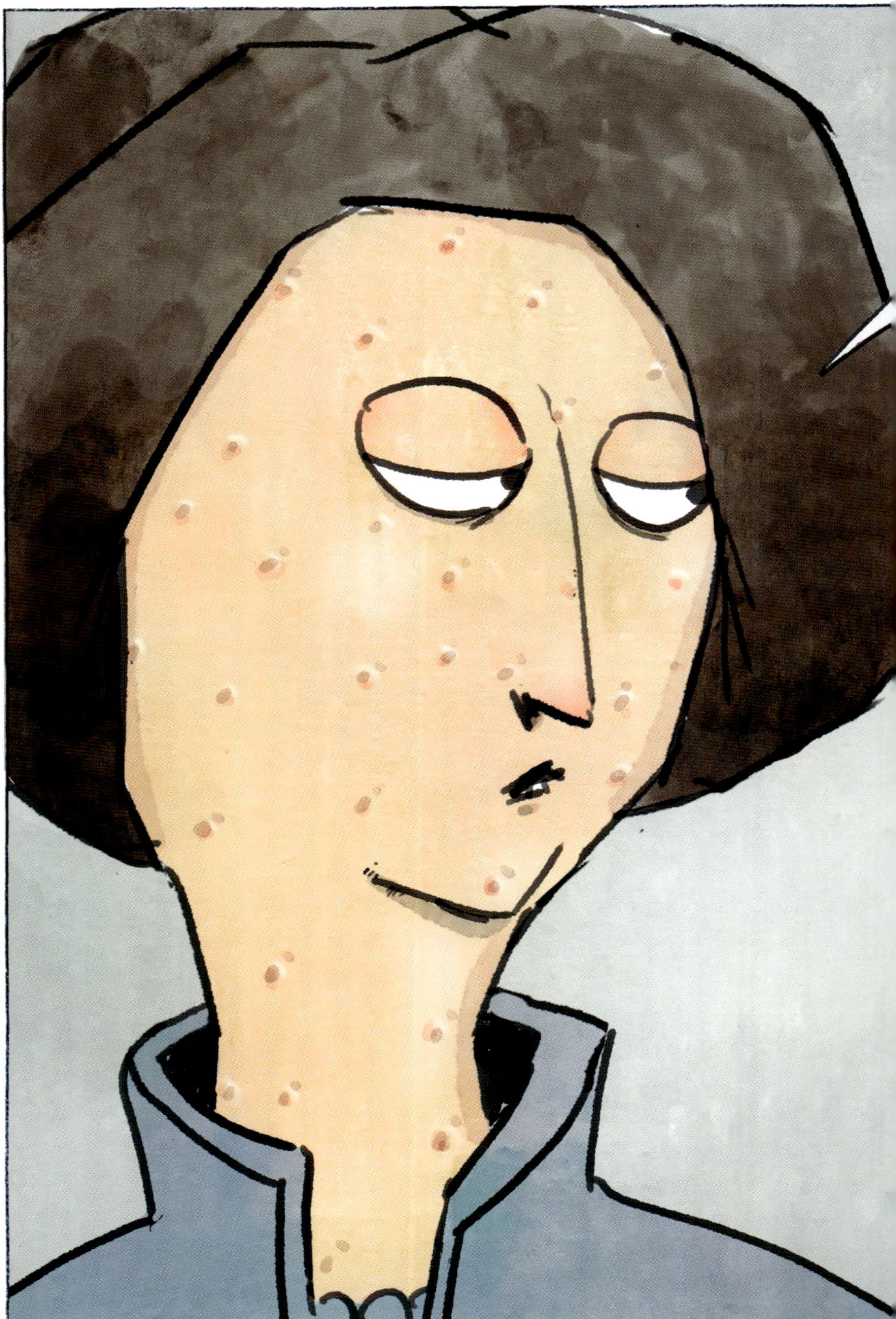

거기, 보이지? 자, 이제 예의 바르게 거리를 두자꾸나.
아, 내 외모는 별로 중요하지 않아. “얼굴 한 꺼풀이 행복의 토대가 될 순 없잖아.”

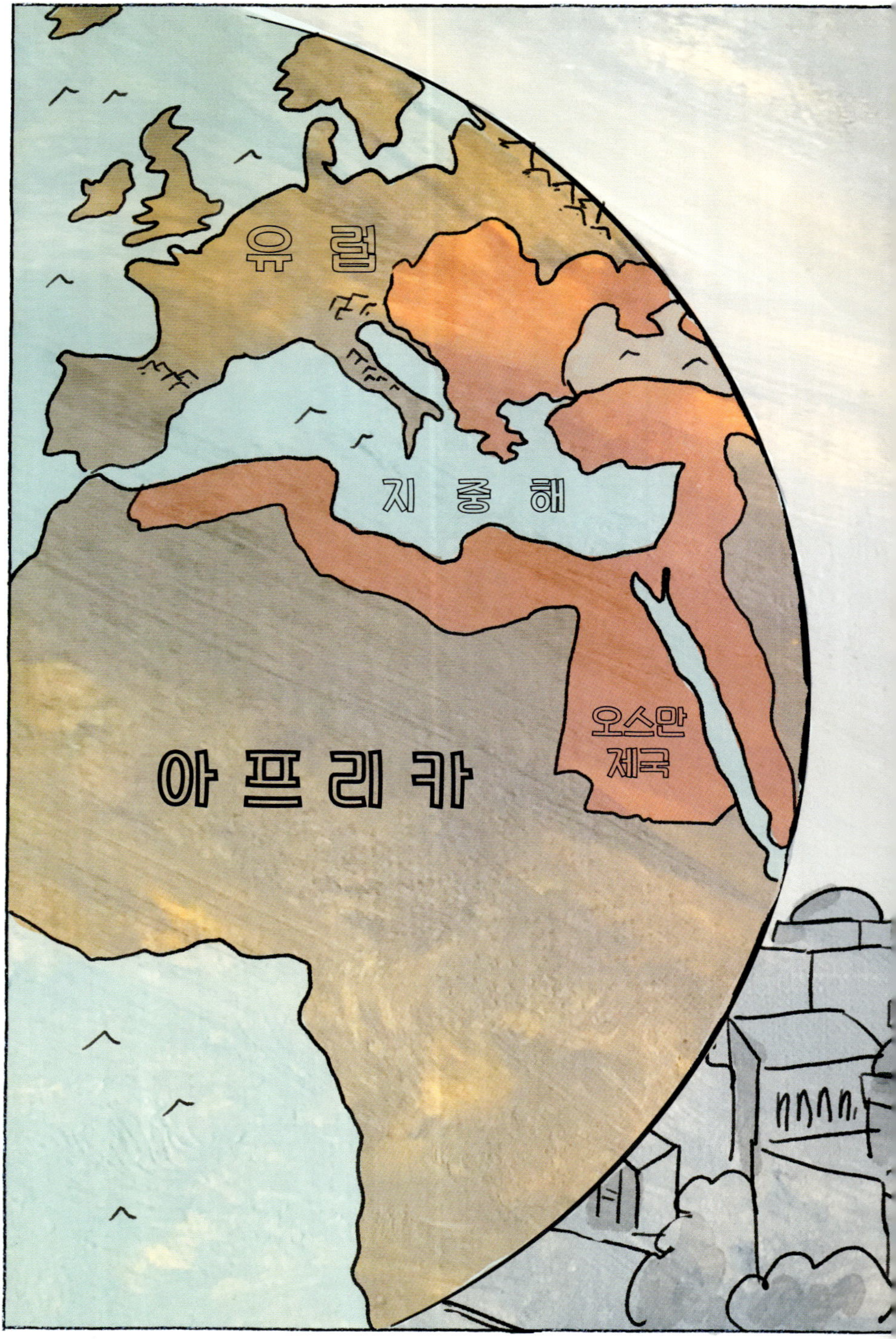
유럽
지중해
오스만 제국
아프리카

영국 외교관과 결혼한 나는 1717년에 오스만 제국에서 살았어.

바로 그곳에서 내가 접종, 그러니까 천연두를 물리칠 방법을 배웠어.
천연두 때문에 겪은 슬픔과 비극을 떠올리며, 난 네 살 난 아들 에드워드에게 그 병의 손길이 닿지 못하게 접종을 하기로 맹세했어.
이 기술은 그때까지 터키의 영국 외교관들 사이에서 들어 본 적도 없는 것이었어.
추문과 소란을 피하려고, 영국 대사관의 의사 메이틀랜드에게 비밀 조수가 되어 달라고 부탁했지.
천연두를 막을 방법을 아는 그리스 할머니가 있다고 해서, 그 할머니를 불렀어.

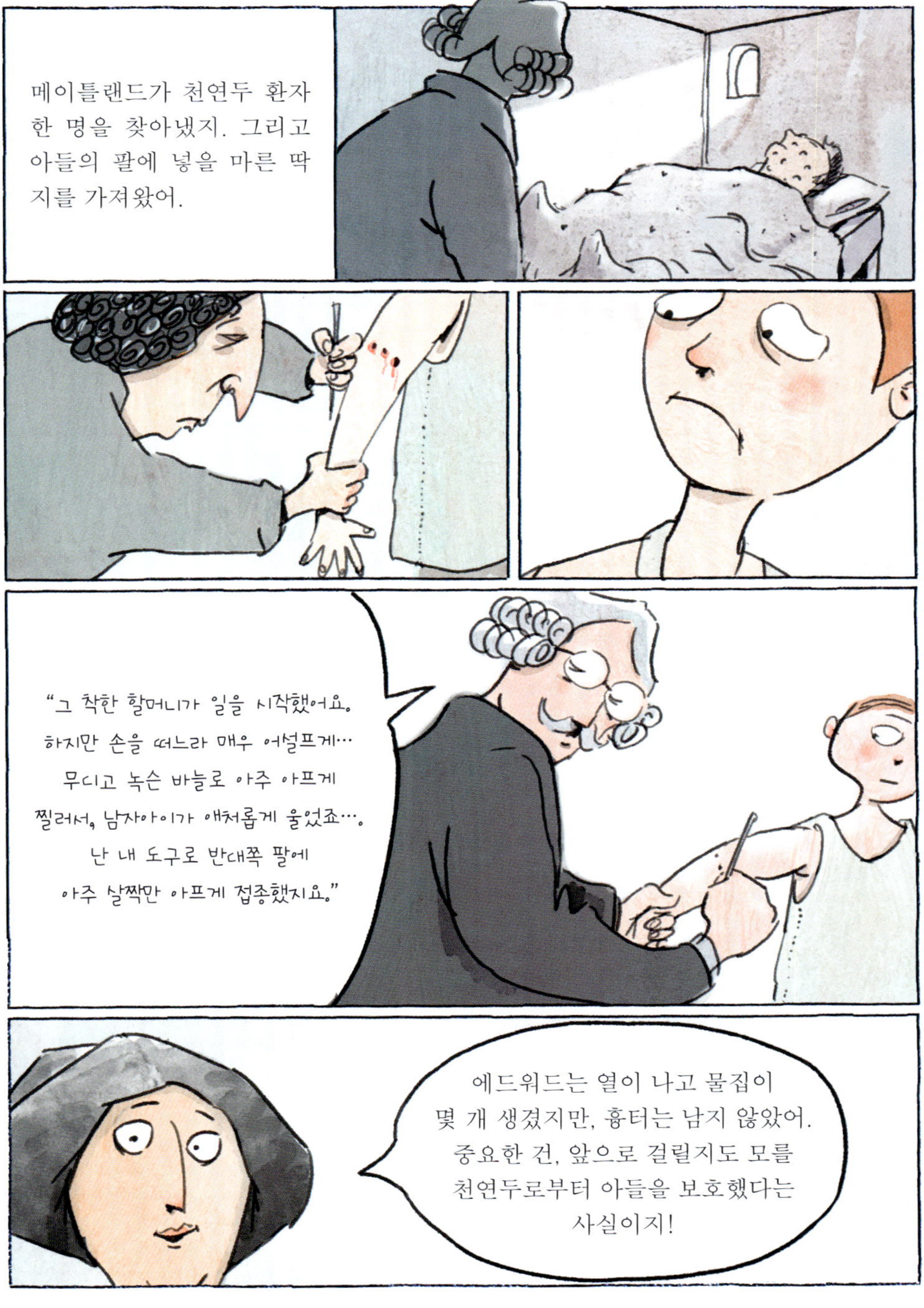
메이틀랜드가 천연두 환자 한 명을 찾아냈지. 그리고 아들의 팔에 넣을 마른 딱지를 가져왔어.
"그 착한 할머니가 일을 시작했어요. 하지만 손을 떠느라 매우 어설프게… 무디고 녹슨 바늘로 아주 아프게 찔러서, 남자아이가 애처롭게 울었죠…. 난 내 도구로 반대쪽 팔에 아주 살짝만 아프게 접종했지요."
에드워드는 열이 나고 물집이 몇 개 생겼지만, 흉터는 남지 않았어. 중요한 건, 앞으로 걸릴지도 모를 천연두로부터 아들을 보호했다는 사실이지!

1721년, 내가 런던으로 돌아와 있던 당시 천연두가 또다시 끔찍하게 유행했지.

나는 어린 딸을 접종하기 위해, 역시 영국에 돌아와 있던 메이틀랜드를 다시 불렀어.
딸도 자기 오빠처럼 살짝만 앓고 나서 병을 막아 줄 갑옷을 얻었지.

내 딸 소식은 런던 곳곳에 퍼졌고…
마침내 그 이야기가…
캐럴라인 왕세자빈(훗날 영국 왕비가 됨)에게까지 닿았지. 캐럴라인은 실험을 진행하라고 명령했어.

뉴게이트 감옥에 갇힌 남녀 죄수 각각 세 명이 접종에 자원했어. 모두 살아남았지.

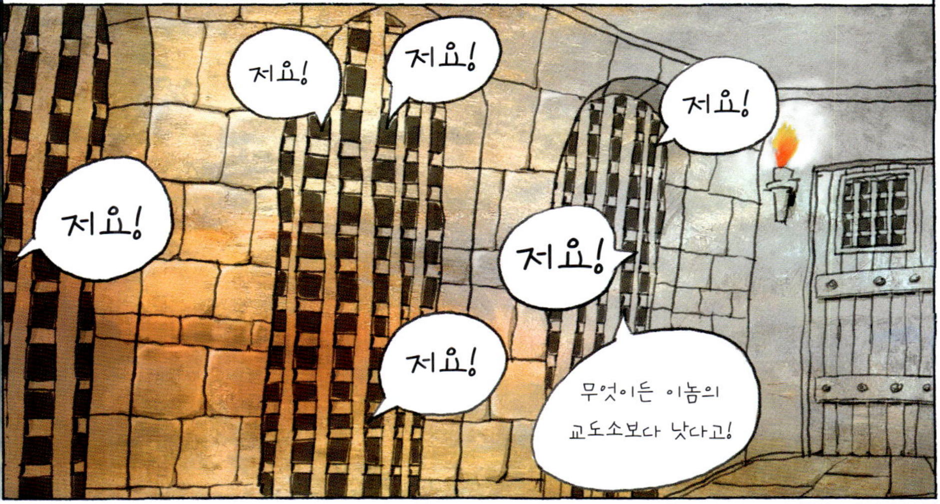

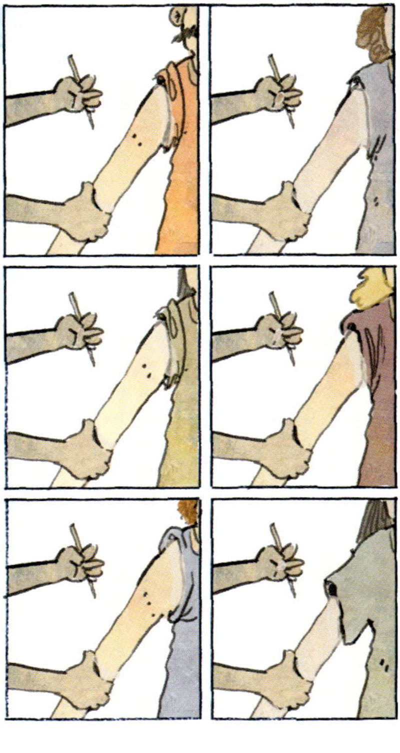

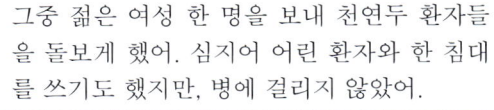

그중 젊은 여성 한 명을 보내 천연두 환자들을 돌보게 했어. 심지어 어린 환자와 한 침대를 쓰기도 했지만, 병에 걸리지 않았어.

'착한' 왕세자빈은 그래도 여전히 확신 하지 못하고, 이번에는 어느 고아원에서 뽑은 아이들로 실험을 했어. 그 실험 역시 성공했지.

너!
너!
너!
너!
… 다행이었지
뭐야!
마침내 왕세자빈은 자녀들 중 두
딸에게 접종했어.

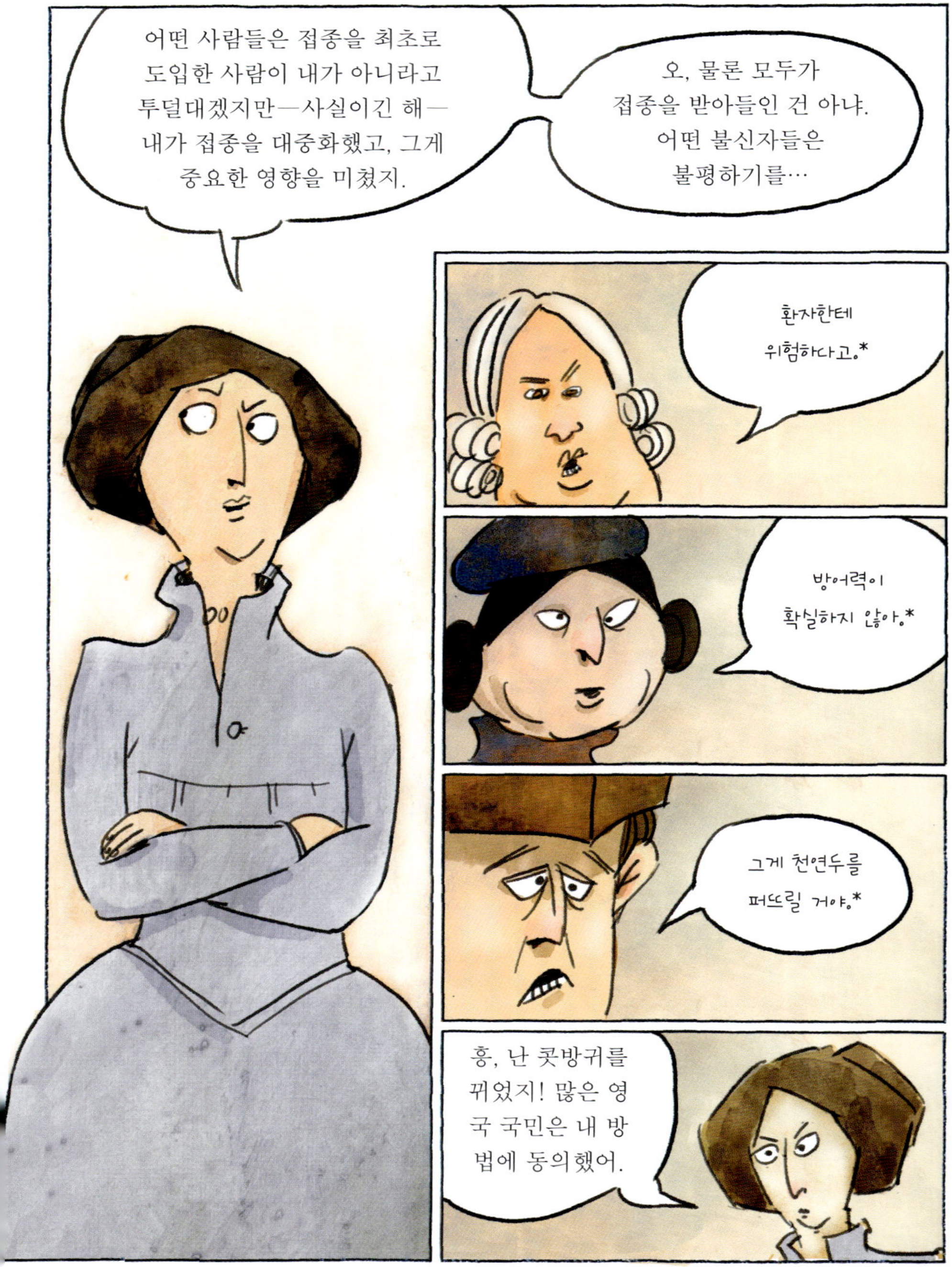
어떤 사람들은 접종을 최초로 도입한 사람이 내가 아니라고 투덜대겠지만—사실이긴 해—내가 접종을 대중화했고, 그게 중요한 영향을 미쳤지.
오, 물론 모두가 접종을 받아들인 건 아냐. 어떤 불신자들은 불평하기를…
환자한테 위험하다고.*
방어력이 확실하지 않아.*
그게 천연두를 퍼뜨릴 거야.*
흥, 난 콧방귀를 뀌었지! 많은 영국 국민은 내 방법에 동의했어.

접종이 널리 퍼졌고, 접종을 제공하는 사업체가 여기저기 생겨났어. 접종받은 사람이 천연두를 약하게 앓는 동안 지낼 안락한 격리 시설도 포함해서 말이야.

오늘날 휴양 시설을 방문하는 것과 비슷했지.

접종은 북아메리카 식민지에도 전해졌어. 매사추세츠 주 보스턴에서는 목사이자 지역 유지인 코튼 매더가 주로 자기 노예들을 통해 접종이라는 예방법을 알게 됐어(그래, 매사추세츠 식민지에 노예제도가 있었어. 역사를 되새겨 보라고).

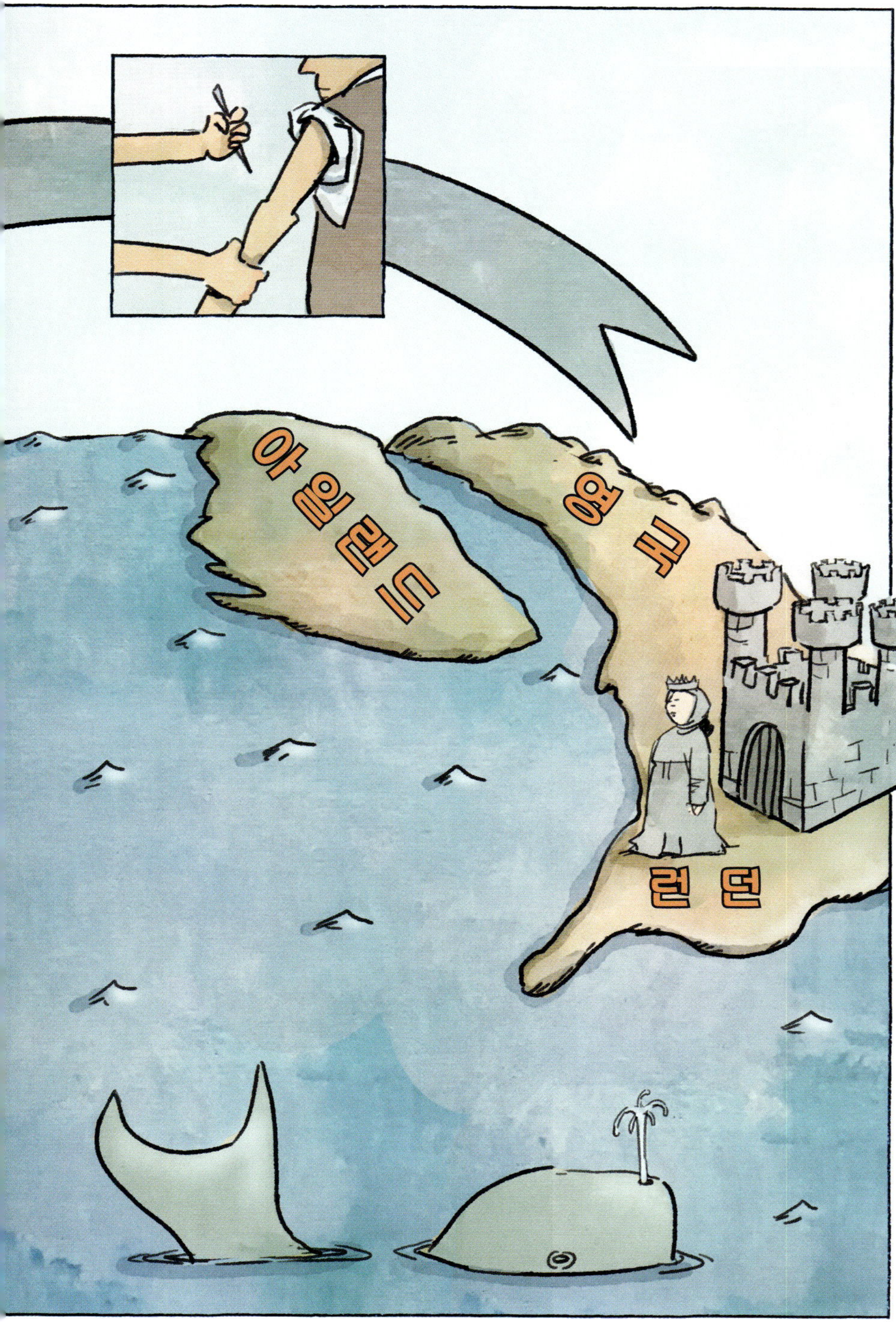
아일랜드
영국
런던

"우리 집 노예인 오네시모는 꽤 똑똑한 친구인데, 천연두에 걸려본 적 있는지 물으니,
매더
오네시모
'네와 아니요'를 동시에 대답했습니다.
네
아니요
그리고 '아프리카에서' 수술을 받은 적이 있다고 했습니다.

천연두 비슷한 것에 걸리게 하고, 그것으로부터 그를 영원히 지켜 줄 수술을요. 게다가…
수술을 받을 용기만 있으면 누구든 전염될 공포에서 영원히 자유로웠다고 합니다.
그는 내게 자신이 받은 수술에 대해 설명하고, 팔에 남은 흉터를 보여 주었습니다."

1721년 봄에 천연두가 보스턴을 강타했을 때, 매더는 접종 옹호자가 되었지.
접종하세요!
접종하세요!
접종하세요!
접종하세요!
접종하세요!
접종하세요!

그러나 보스턴의 윌리엄 더글러스라는 의사는 접종에 반대했어. 검증 안 된 위험한 방법이라는 이유로 말이야. 또는 아마도 그냥 눈치 없는 매더가 의사도 아니면서 선을 넘는 바람에 불끈했던 걸 거야. 어떻든 싸움은 시작됐지.

의사 대부분은 더글러스 편을 들었어.

보스턴 사람들은 대부분 접종을 두려워하고 비난했어.

보스턴의 신부들도 의사들 편에 서서 접종을 중단하라고 지시했지.

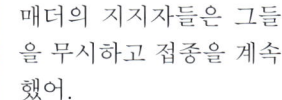

매더의 지지자들은 그들을 무시하고 접종을 계속했어.

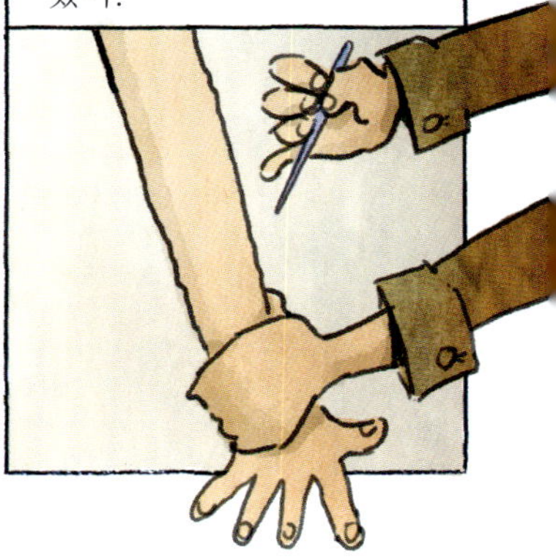

와장창
매더의 집 안으로 누군가 폭탄을 던졌지만 터지지는 않았어.

천연두 유행이 끝날 때까지, 보스턴 주민 11,000명 중 절반이 넘는 사람이 병에 걸렸고, 850명이 죽었어.
접종받은 사람은 약 240명 중 오직 6명만이 죽었어. 40명당 1명의 비율이었지.
비접종자들은 6명당 1명이 죽었어.

이게 접종의 혜택을 보여 주는 분명한 증거가 된 거야!
이 접종이 더글러스에게도 확신을 주었던 게 분명해. 몇 년 뒤 천연두가 보스턴에 다시 유행했을 때,
그도 접종을 받았거든.

잠시 쉬었다 갈게. 일부 트집 잡는 독자들은 접종과 인두접종★을 구분하지 않고 사용한다고 날 비난할지도 몰라. 난 이 둘이 같다고 들었지만, 과학자들은 인두접종이라는 말을 더 좋아하는 것 같으니 그들을 따를까?

★인두법이라고도 하며, 사람에게서 사람으로 천연두를 옮기는 접종법—옮긴이.

영국 이야기로 돌아가서, 인두접종의 인기가 계속되자 이를 적극적으로 받아들인 사람들의 사업이 번창했지.

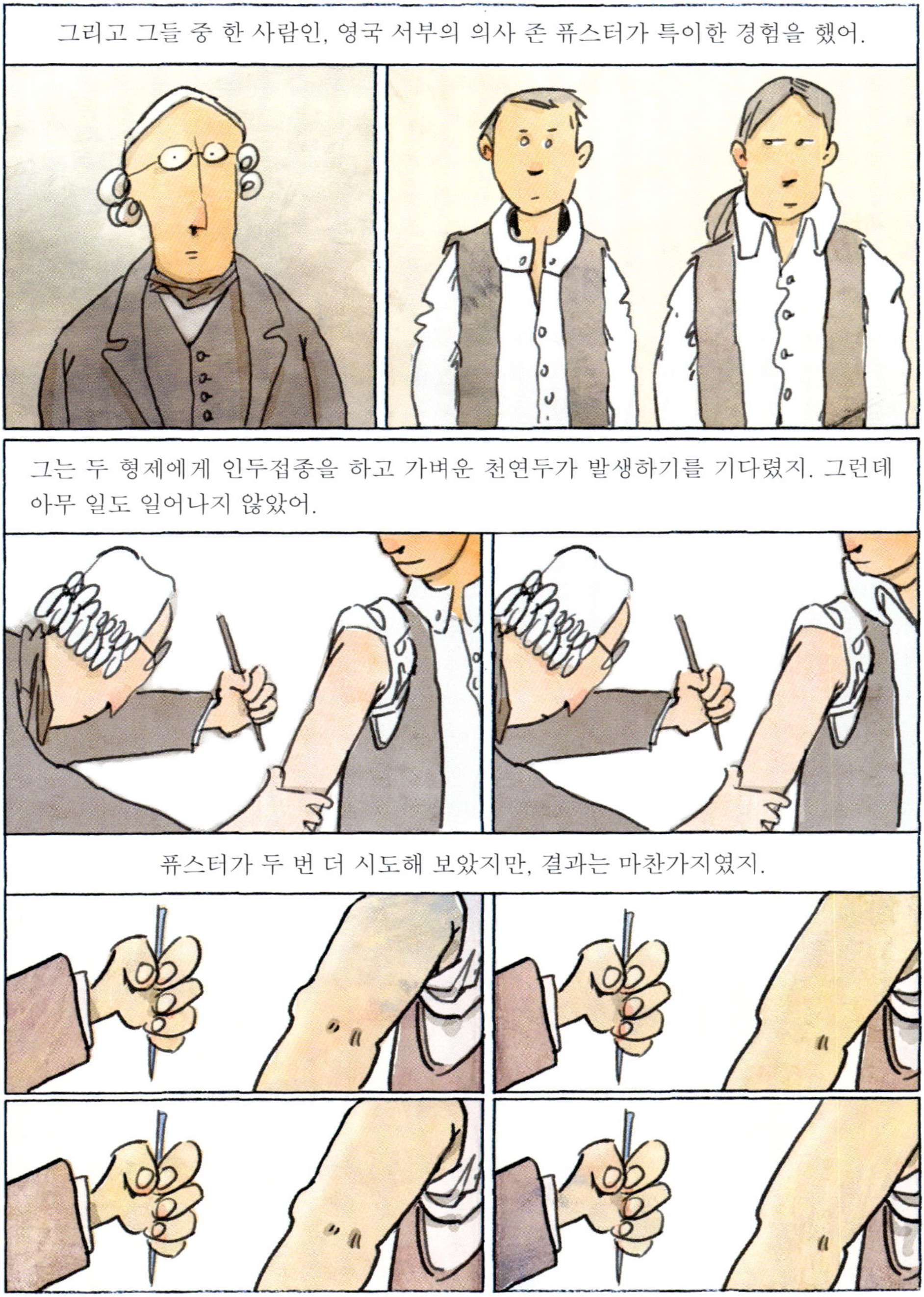
그리고 그들 중 한 사람인, 영국 서부의 의사 존 퓨스터가 특이한 경험을 했어.
그는 두 형제에게 인두접종을 하고 가벼운 천연두가 발생하기를 기다렸지. 그런데 아무 일도 일어나지 않았어.
퓨스터가 두 번 더 시도해 보았지만, 결과는 마찬가지였지.

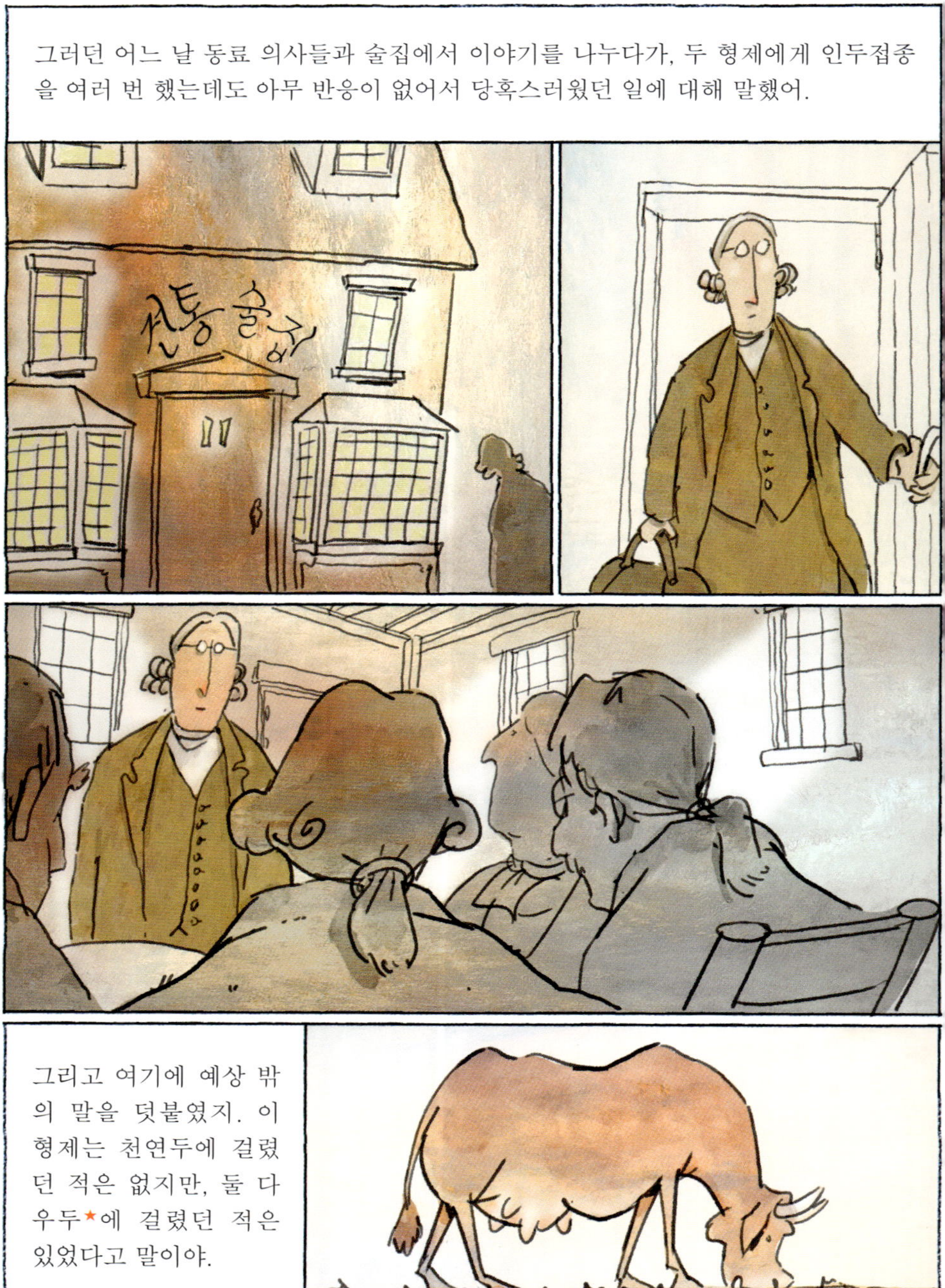

그러던 어느 날 동료 의사들과 술집에서 이야기를 나누다가, 두 형제에게 인두접종을 여러 번 했는데도 아무 반응이 없어서 당혹스러웠던 일에 대해 말했어.
전통 술집
그리고 여기에 예상 밖의 말을 덧붙였지. 이 형제는 천연두에 걸렸던 적은 없지만, 둘 다 우두★에 걸렸던 적은 있었다고 말이야.

★소의 유방에 물집을 일으키는 전염병—옮긴이.

우두는 소를 감염시키고, 소는 사람—주로 우유 짜는 일을 하는 여자들—에게 우두를 옮겨. 감염된 사람은 물집과 비슷한 발진에 시달리지만, 흉터는 조금만 남아. 무엇보다 중요한 건 죽지 않는다는 거야.

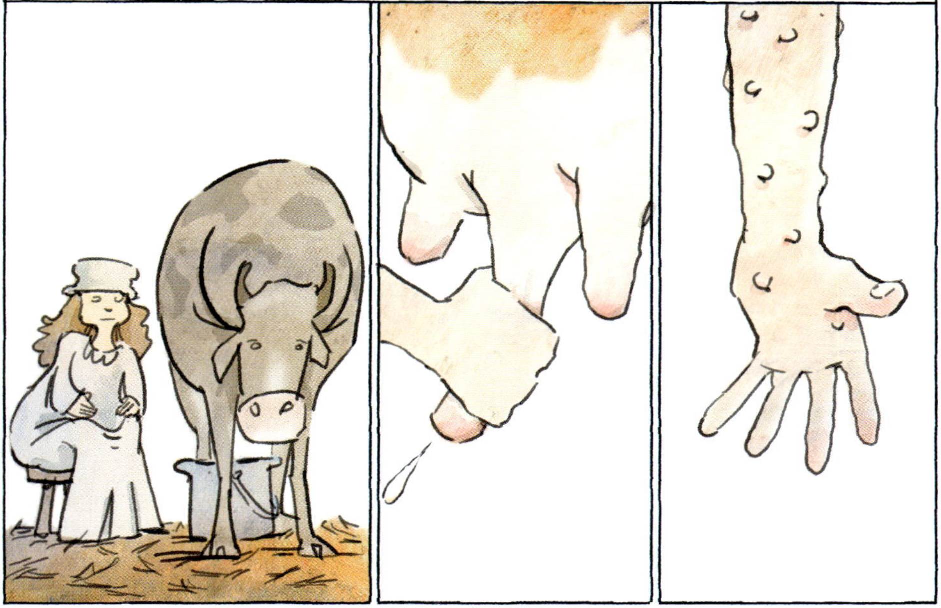

그 의사들이 퓨스터의 당혹스러운 이야기에 귀를 기울였는지는 모르겠어. 그러나 그중 한 의사의 견습생이던 열세 살 에드워드 제너가 흥미를 느꼈던 모양이야.

한편, 우두에 걸린 적이 있으면 천연두에 걸리지 않는 것 같다고 짐작한 또 다른 사람들이 있었어. 영국의 낙농업자인 벤저민 제스티가 그랬지. 집하고 가까운 곳에서 천연두가 발생하자 제스티와 아내, 어린 두 아들은 8km를 걸어서 우두에 걸린 소 떼가 있는 한 농장을 찾아갔어.

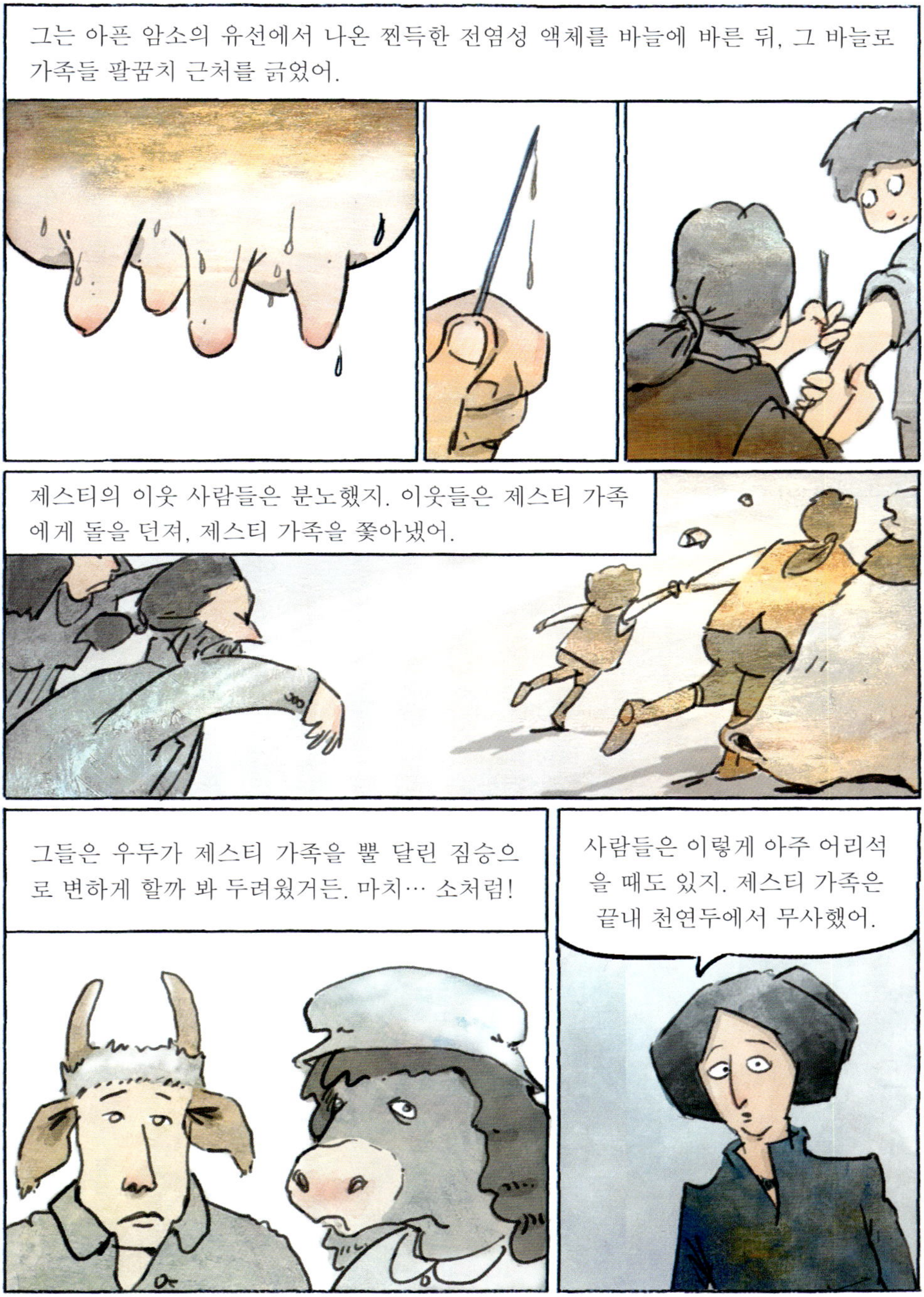
그는 아픈 암소의 유선에서 나온 찐득한 전염성 액체를 바늘에 바른 뒤, 그 바늘로 가족들 팔꿈치 근처를 긁었어.
제스티의 이웃 사람들은 분노했지. 이웃들은 제스티 가족에게 돌을 던져, 제스티 가족을 쫓아냈어.
그들은 우두가 제스티 가족을 뿔 달린 짐승으로 변하게 할까 봐 두려웠거든. 마치… 소처럼!
사람들은 이렇게 아주 어리석을 때도 있지. 제스티 가족은 끝내 천연두에서 무사했어.

한편, 독일에서는 교사인 페터 플레트가 우두가 예방 역할을 한다는 것을 알게 됐고, 두 학생에게 이 이야기를 했어. 헤드비히와 마르가레트 자매였지. 천연두가 주위에서 빠르게 번지자 자매는 병으로 흉측해지지 않겠다고 결심했어.

플레트 선생님의 이야기를 떠올리며, 자매는 우두에 걸린 암소를 찾아…
유선의 끈적한 액체를 스스로 자기들 몸에 발랐어.
그런데 우두 발진이 전혀 나타나지 않았어.

자매는 플레트 선생님에게 부탁했지.
자매의 부모에게는 비밀로 한 채, 플레트는 병 걸린 암소의 액체가 잔뜩 묻은 작은 칼을 이용해서…

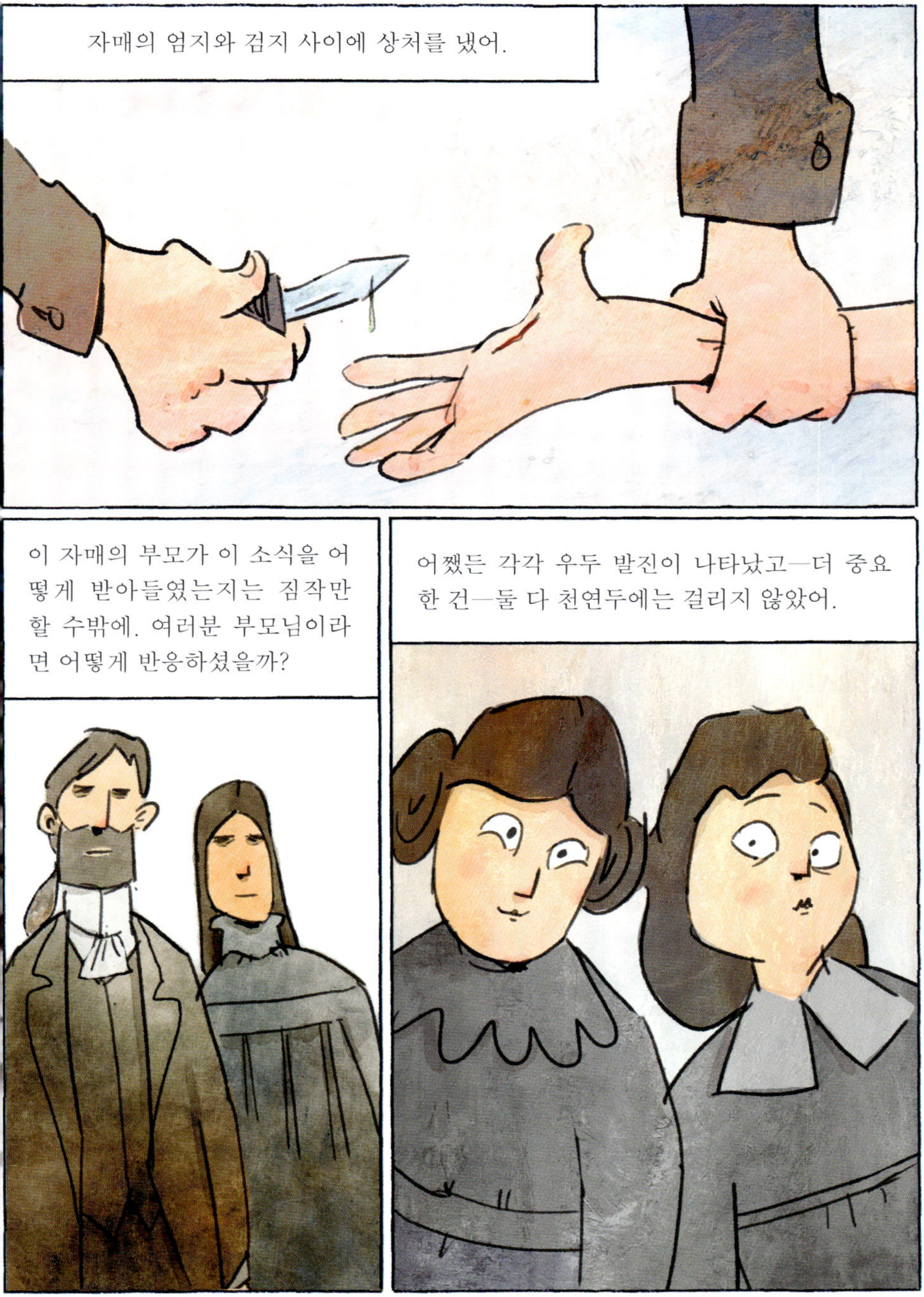
자매의 엄지와 검지 사이에 상처를 냈어.
이 자매의 부모가 이 소식을 어떻게 받아들였는지는 짐작만 할 수밖에. 여러분 부모님이라면 어떻게 반응하셨을까?
어쨌든 각각 우두 발진이 나타났고—더 중요한 건—둘 다 천연두에는 걸리지 않았어.

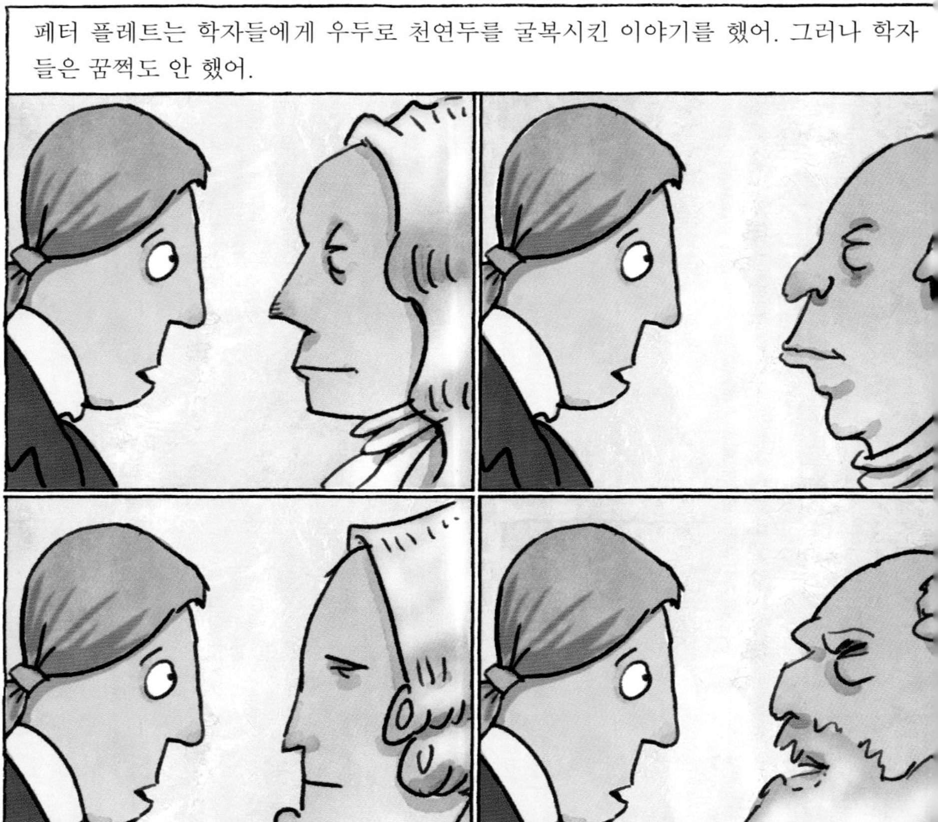
페터 플레트는 학자들에게 우두로 천연두를 굴복시킨 이야기를 했어. 그러나 학자들은 꿈쩍도 안 했어.
보충 설명: 여성은 교수가 될 수 없던 시대였어.

학자도 남들처럼 어리석을 때가 있지.
평범한 교사가 과학에 대해 뭘 안다고?*
이제 젊은 에드워드 제너 이야기로 돌아가자.

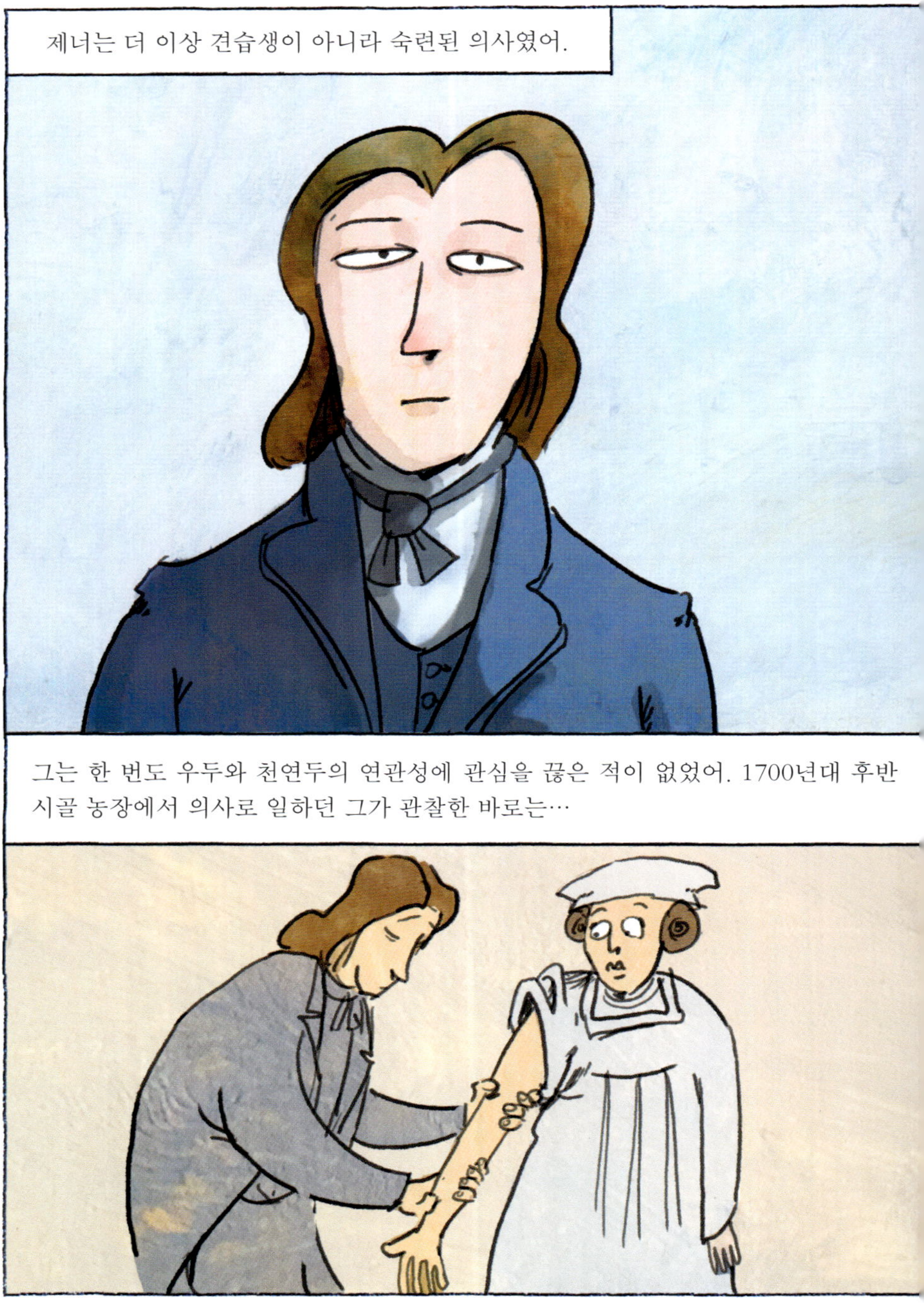
제너는 더 이상 견습생이 아니라 숙련된 의사였어.
그는 한 번도 우두와 천연두의 연관성에 관심을 끊은 적이 없었어. 1700년대 후반 시골 농장에서 의사로 일하던 그가 관찰한 바로는…

"여기 시골에서는 낙농업으로 수많은 소를 기르고… 남녀 하인들이… 우유를 짭니다."

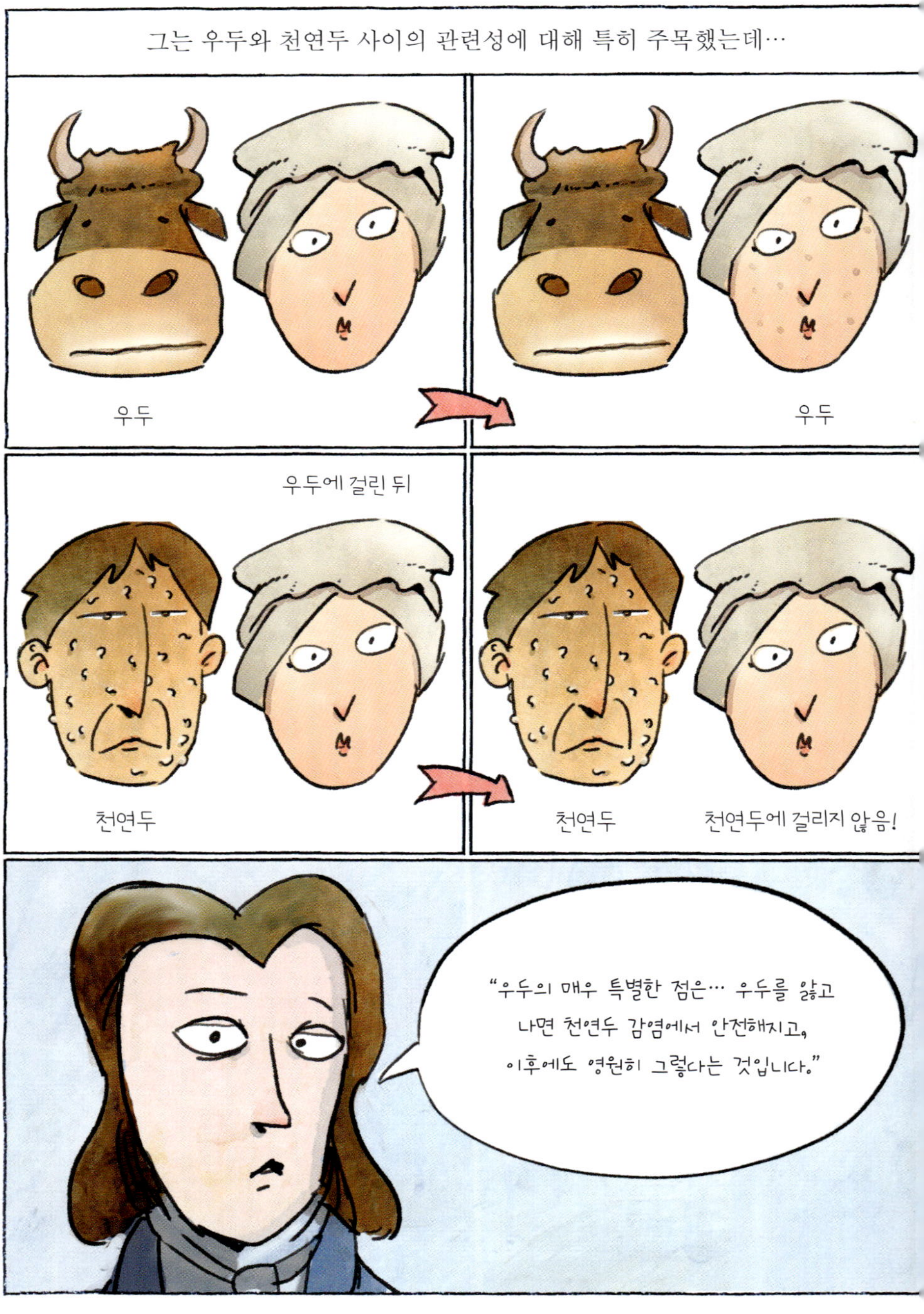
그는 우두와 천연두 사이의 관련성에 대해 특히 주목했는데…
우두
우두
우두에 걸린 뒤
천연두
천연두
천연두에 걸리지 않음!
"우두의 매우 특별한 점은… 우두를 앓고 나면 천연두 감염에서 안전해지고, 이후에도 영원히 그렇다는 것입니다."

그는 자기주장이 대강 맞다는 것을 알았어. 그래서 더 나아가 이것을 과학적 사실로 입증하는 일을 시작했지.
1780년대부터 천연두와 우두의 사례와, 우두를 접종한 결과를 계속 추적했어.
그중 17번 사례가 제너를 유명하게 만들었지.

"나는 우두를 접종하기 위해
여덟 살 정도 된 건강한
남자아이를 골랐어요.
주인집 젖소의 우유를 짜다가 우두에 감염된 하녀 손의 종기에서
고름을 얻었고,

1796년 5월 14일, 아이의 팔에 각각 약 1.3cm 길이로… 두 번을… 절개해서 고름을 집어넣었어요."

제임스 핍스라는 그 아이는 잠깐의 두통과 함께 오한, 식욕부진을 겪었어. 팔에 낸 상처가 살짝 감염됐고. 그러고 나서 천연두 농포에서 얻은 고름으로 이 아이에게 접종했는데, 병에 걸리지 않았어. 몇 달 뒤 아이에게 천연두 고름으로 다시 접종했지만 아무 병도 나타나지 않았지.

제너가 무시무시한 천연두로부터 사람을 보호할 더 나은 방법이 있다고 증명한 거야!
그는 자기 방법을 '소에게서 온'이라는 뜻의 'vaccinus(바키누스)'라는 라틴어에서 따와 우두접종(vaccination, 우두법)이라고 불렀어.
인두접종보다 분명히 유리했지. 접종 대상이 실제로 천연두에 시달리거나, 사망할 위험을—아무리 작더라도—감수하거나, 몰골이 흉측해질 필요가 없었어. 또 천연두에 걸린 게 아니라서 다른 사람에게 전염시킬까 봐 격리할 필요도 없었지.
우두접종은 1800년대 초반에 널리 퍼져 나갔지.

지독하고 끔찍한 병을 물리쳐 준다고 보장했으나, 일부 사람들은 우두접종을 반대했어. 특히 정부가 우두접종을 모두가 강제로 받도록 의무화한 뒤에 말이야.

여러분도 알겠지만, 그들은 이 사실에 주목했어야 해. 런던에서는 우두접종이 가능해진 뒤에 천연두로 죽은 사람 수가 반으로 줄었어.

런던

우두접종 전
편히
잠드소서!
우두접종 후
편히
잠드소서!

어쨌거나, 우두접종에 반대하는 단체들이 결성됐지. 1885년, 영국 한 도시에서 10만 명이 넘는 사람들이 우두접종에 반대하는 행진을 했어.

접종반대
반대 우두접종
결사반대
우두접종!!

미국에서도 1879년에 접종 반대 단체가 설립됐어.

매사추세츠주 케임브리지에 사는 헤닝 제이콥슨이라는 접종 반대자가 의무 접종을 거부하자, 시는 그를 고소했어.

소송은 미국 연방대법원까지 올라갔고, 제이콥슨이 패소했지. 연방대법원은 다음과 같이 선고했어.
연방대법원
"케임브리지시는 시민의 안전을 위협하는 병의 유행에 맞서 시를 보호할 권리가 있다."

여러분은 천연두 백신이 성공하고 나서 다른 백신들도 금방 뒤를 이었을 거라고 생각할 거야. 하지만 천연두 백신을 선보인 뒤로 80년 넘게 새로운 백신은 없었어.
이 이야기를 계속하기 전에, 위대한 생각을 했던 또 다른 사람의 이야기를 해야겠어. 그는 역사상 가장 위대한 발견 중 하나를 해냈는데도 사람들은 잘 기억하지 않지.
내 생각엔 이게 다 엄청 길고 어려운 네덜란드 이름 때문이야. 판 레이우엔훅(Van Leeuwenhoek).
그러니 어서 이 문제를 해치워 버리자. '판 레-이-우-엔-훅'이라고 읽어.

1654년 무렵, 안톤 판 레이우엔훅은 네덜란드의 델프트시에서 살았어. 그는 직물 상인, 측량사, 공무원 등으로 일했지.

우리가 그를 기억하는 건 그의 직업 때문이 아니라, 현미경에 관한 관심 때문이야. 그는 렌즈를 직접 갈아서 500개 정도 만들었어.

아, 그가 만든 건 60년 먼저 발명됐던 복합 현미경이나, 오늘날 우리에게 익숙한 현미경들과는 달랐지. 그 대신 아주 강력한 확대경이었어.

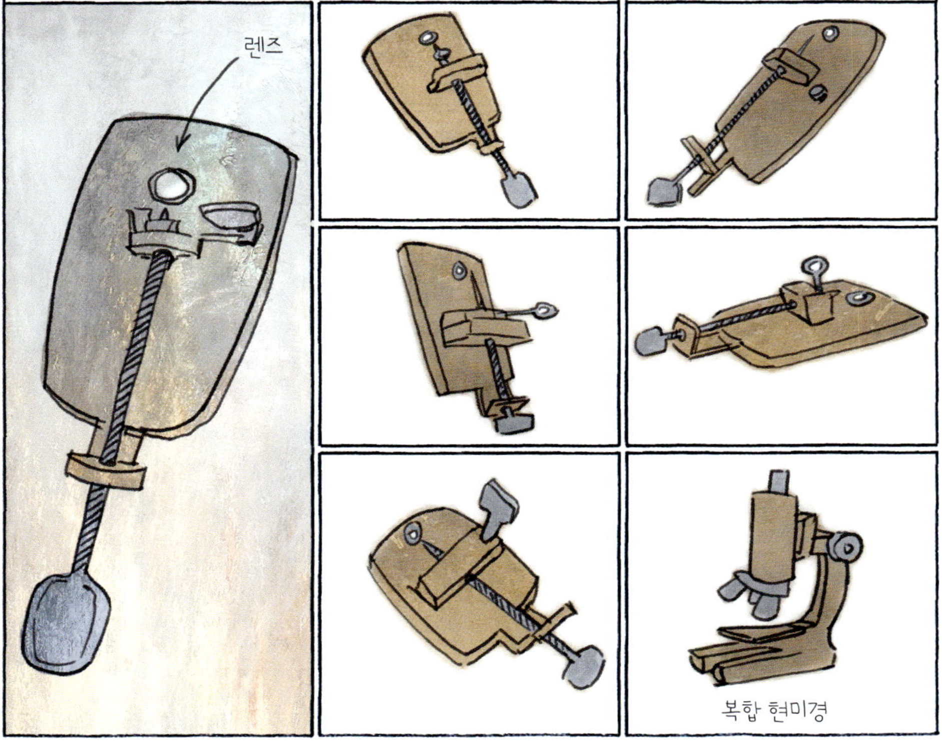

그렇지만 이 간단한 현미경으로,
판 레이우엔훅은 세상을 뒤집어 놓을 발견을 했지.
1674년에 그가 물을 조사할 생각으로 근처 호수에 갔을 때였어.
“난 작은 유리병에 물을 조금 담았다.

그리고 다음 날 이 물을 조사하다 안에 떠다니는 것들을 발견했는데…
아주 많은 작은 극미동물★… 머리 근처의 작은 두 다리와, 몸통 맨 뒤에 달린 작은 두 지느러미를 보았다.… 물속 극미동물 대부분은 아주 빠르게 움직였고… 짐작하건대 이 작은 생물 중 일부는… 내가 지금까지 본 가장 작은 생물보다도 천 배는 더 작다."
★극미동물은 미소동물이라고도 하며, 맨눈으로는 볼 수 없는 아주아주 작은 동물임—옮긴이.
세균(박테리아)
안톤 판 레이우엔훅은 세균을 발견했던 거야. 우리를 둘러싼 모든 곳에 있고, 우리 표면에 있고, 우리 안에 있는 아주 작은 생물 말이야. 그 뒤로 이전과는 다른 세상이 펼쳐졌지.

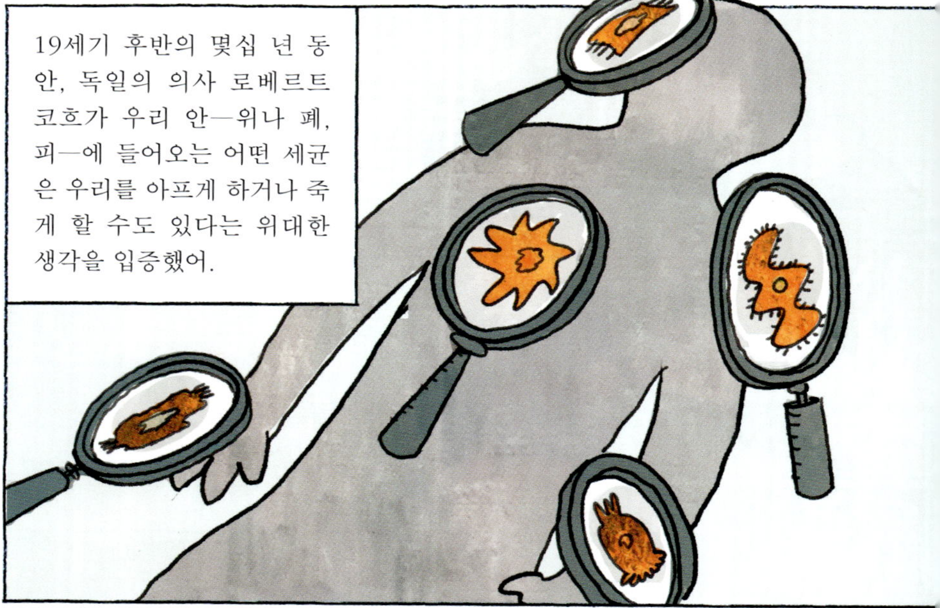
19세기 후반의 몇십 년 동안, 독일의 의사 로베르트 코흐가 우리 안—위나 폐, 피—에 들어오는 어떤 세균은 우리를 아프게 하거나 죽게 할 수도 있다는 위대한 생각을 입증했어.

코흐는 조그만 자기 집에서 일하면서 탄저병에 관해 연구했어. 탄저병은 동물과 사람 모두를 죽이는 악랄한 병이지.
코흐

코흐는 죽음을 무릅쓰며 감염된 혈액을 연구했는데, 그 결과 특정한 세균이 특정한 병을 일으킨다는 것을 밝혀냈지. 그리고 이어서 결핵과 콜레라, 탄저병을 일으키는 특정한 세균들을 발견했고, 몇몇에 이름을 붙였어.

★동정은 생물이 분류상 어디에 속하는지 결정하는 일—옮긴이.

코흐는 병의 원인이 되는 세균을 동정하기★ 위해 다음 네 단계를 거쳐야 한다고 제시했어.

1. 특정한 세균이 반드시 그 병의 모든 사례에 존재해야 한다.
2. 세균을 분리해서 실험실에서 키우거나 배양한다.
3. 실험실에서 키운 세균이 실험동물에 같은 병을 일으킨다.
4. 병에 걸린 실험동물에서 나온 세균이 원래의 세균과 같다.

코흐가 실험을 시작하던 때와 같은 시기에, 프랑스 과학자인 루이 파스퇴르도 세균을 연구하고 있었지. 파스퇴르는 아내 마리의 도움을 많이 받았어.

천연두와 관련된 제너의 위대한 생각에 힘입어, 파스퇴르는 다른 질병도 비슷한 방식으로 막을 수 있다고 확신했어. 생각 끝에 그는 농부의 가축과 생계를 무너뜨리는, 치명적인 병인 닭 콜레라를 예방할 방법을 탐구하기로 했어.

파스퇴르는 닭에게 약독화한(약하게 한) 병균을 접종하면 효과가 있을 거라 생각하고, 병을 막을 실험을 무작정 했어. 그는 세균을 화학물질로 처리하거나 공기에 노출해서 약하게 만들었지만 실패하고 말았어.

그동안 파스퇴르는 추가로 실험하기 위해 더 많은 세균을 계속 배양했어. 그런데 우연히 배양액 한 병을 깜빡하게 됐어.
그러다가 몇 달 뒤에 다시 발견한 오래된 배양균을 닭에 주사했지. 그런데 병을 전혀 일으키지 않았어.
그 닭들에 치명적이고 싱싱한 균을 넣었을 때도 여전히 건강했어.
배양균을 노화시킨 게 세균을 약독화하고 닭을 병으로부터 지켜 낸 거야.
백신은 이렇게 우연히 탄생했어!

코호의 연구를 기반으로 파스퇴르는 탄저병으로 눈을 돌렸어. 이번에도 많은 시행착오 끝에, 파스퇴르는 탄저병 배양균을 화학물질로 약하게 만들 수 있다는 것을 발견했지.

1881년, 파스퇴르는 가축 두 무리로 공개적인 탄저병 예방접종(vaccination. 그가 제너에게 경의를 표하려고 쓴 말) 실험을 했어.

그는 이 치명적인 병에 주의하며, 탄저균을 조심스럽게 동물에 주사했지. 앞서 예방접종을 했던 모든 동물(양, 소, 염소 한 마리)이 살아남았어. 접종하지 않은 무리는 병에 걸렸고, 대부분 죽었어.

곧 프랑스 소 수백만 마리에 탄저병 예방접종을 했고, 탄저병은 거의 사라졌어.

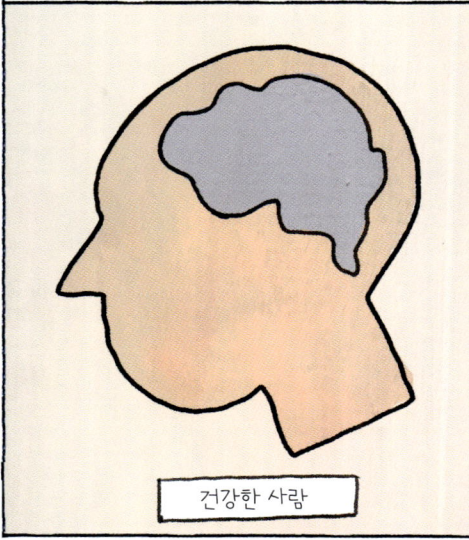

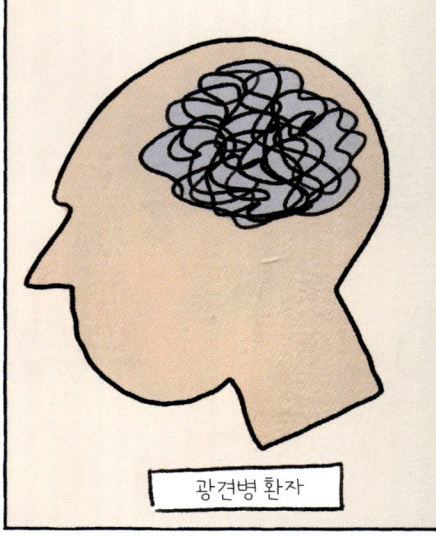

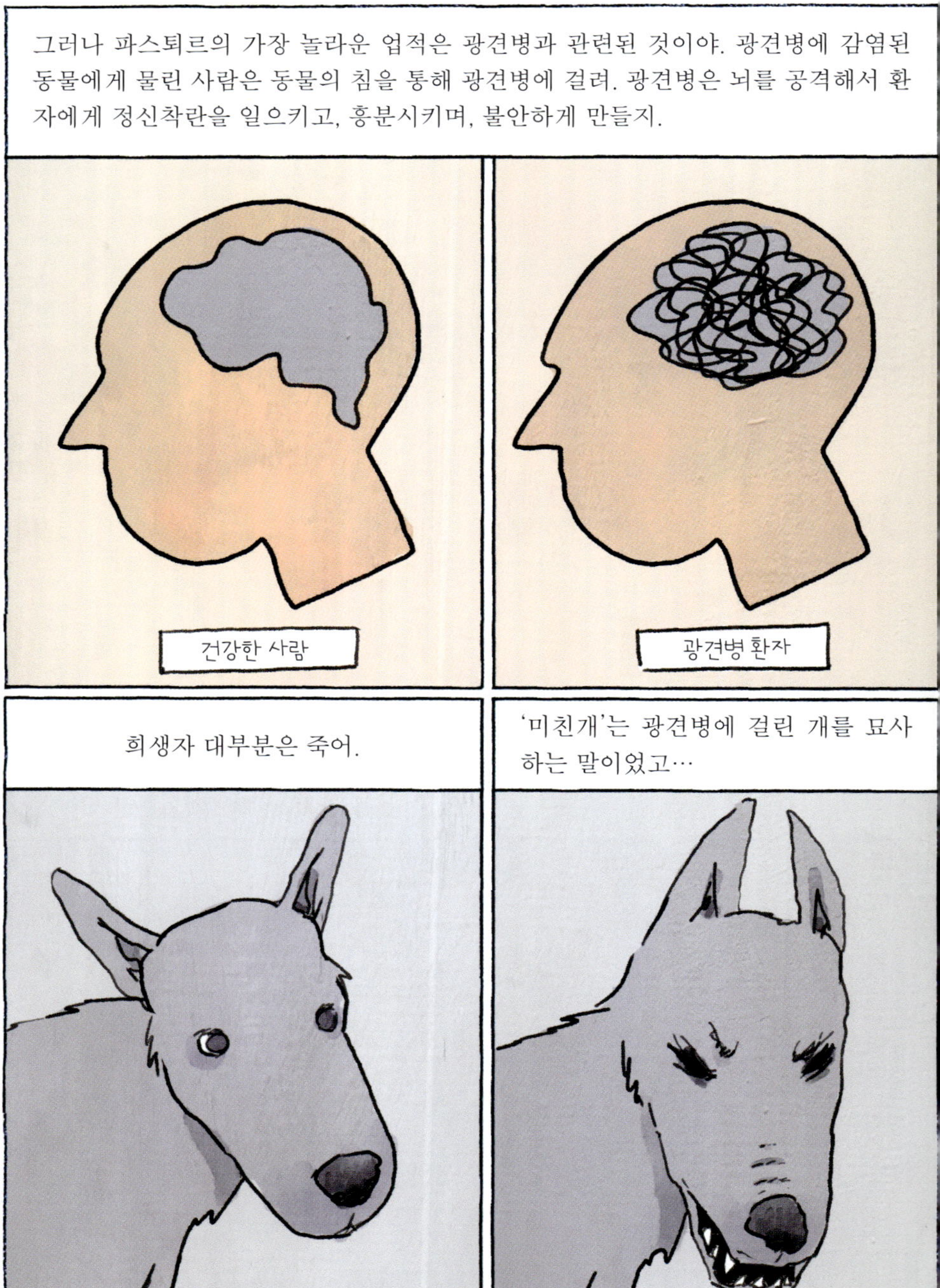
그러나 파스퇴르의 가장 놀라운 업적은 광견병과 관련된 것이야. 광견병에 감염된 동물에게 물린 사람은 동물의 침을 통해 광견병에 걸려. 광견병은 뇌를 공격해서 환자에게 정신착란을 일으키고, 흥분시키며, 불안하게 만들지.
건강한 사람
광견병 환자
희생자 대부분은 죽어.
'미친개'는 광견병에 걸린 개를 묘사하는 말이었고…

'미친개'에게 물렸다는 건 곧 사형 선고였어.

파스퇴르는 광견병을 일으키는 세균을 찾을 수 없었어. 훗날 이것은 파스퇴르가 거의 몰랐던 바이러스로 밝혀졌어. 바이러스는 세균보다 훨씬, 훨씬 더 작고, 살아 있는 것처럼 보이지도 않는 요상한 것들이야. 예를 들면, 바이러스는 똥도 안 싸고, 오직 숙주 세포의 유전자 공장을 활용해서만 번식할 수 있어. 파스퇴르는 여전히 닭 콜레라나 탄저병에 그랬던 것처럼, 병을 약독화하거나 약하게 만드는 게 광견병 백신을 만드는 길이라고 믿었어.

그럼, 파스퇴르는 광견병 백신을 어떻게 만들었을까?

자, 숙녀 신사 여러분, 자제력을 발휘합시다. 여기서는 그냥 파스퇴르가 광견병에 걸려 죽은 토끼의 척추로 실험했다는 것까지만 알아두자고요.

파스퇴르는 개에게 효과가 있는 것처럼 보이거나, 실제로 효과가 있었던 광견병 백신을 만들어 냈어. 그러던 1885년, 아홉 살 난 조제프 마이스터가 파스퇴르에게 찾아왔어. 아이는 광견병에 걸린 개에게 물려 처참한 상태였어.

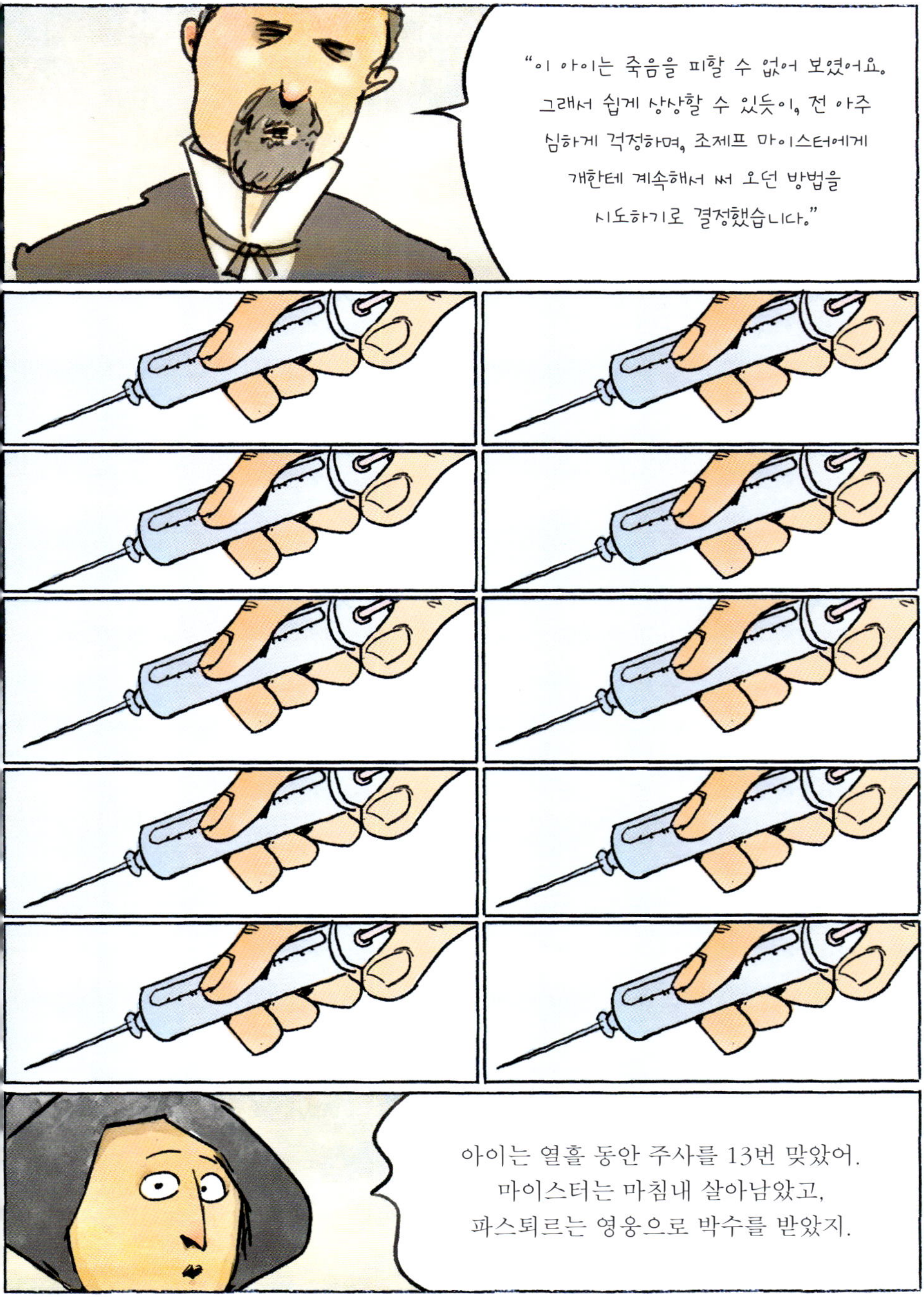
“이 아이는 죽음을 피할 수 없어 보였어요. 그래서 쉽게 상상할 수 있듯이, 전 아주 심하게 걱정하며, 조제프 마이스터에게 개한테 계속해서 써 오던 방법을 시도하기로 결정했습니다.”
아이는 열흘 동안 주사를 13번 맞았어. 마이스터는 마침내 살아남았고, 파스퇴르는 영웅으로 박수를 받았지.

뒤이은 몇 년 동안 과학자들의 발상은 디프테리아와 파상풍, 페스트(흑사병), 장티푸스, 백일해, 황열, 결핵 등의 백신을 개발하는 결과를 낳았고, 비참함과 죽음으로부터 인류를 구했어.

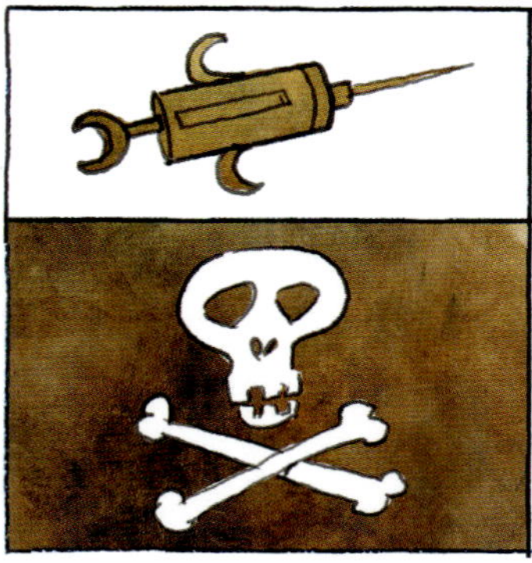

그러나 성공으로 가는 길이 언제나 순조롭지는 않았지. 1901년, 미주리주와 뉴저지주의 아이들이 부실하게 만든 백신 때문에 사망하는 일이 벌어졌어. 그러자 미국 정부가 개입했고, 결국 백신의 질을 보장하기 위한 법인 생물제제관리법과 순수식품의약법을 통과시켰지.

이제 20년 뒤로 넘어가 볼까? 어느 신문에 다음과 같은 기사가 났어.

어린이 약 100명이 소아마비, 또는 회색질척수염(폴리오미엘리티스, 줄여서 '폴리오'라고 함)에 걸렸다고 보고됐어.

소아마비는 전염성 질병이야. 즉, 사람에게서 사람으로 옮을 수 있다는 얘기지. 이 병은 뇌와 척수를 공격해서 희생자를 마비시킬 수 있어.

그건 모두를, 특히 부모들을 공포로 몰아넣었어. 소아마비는 주로 아이들이 걸렸거든. 그 이유를 설명할 수 없었지.

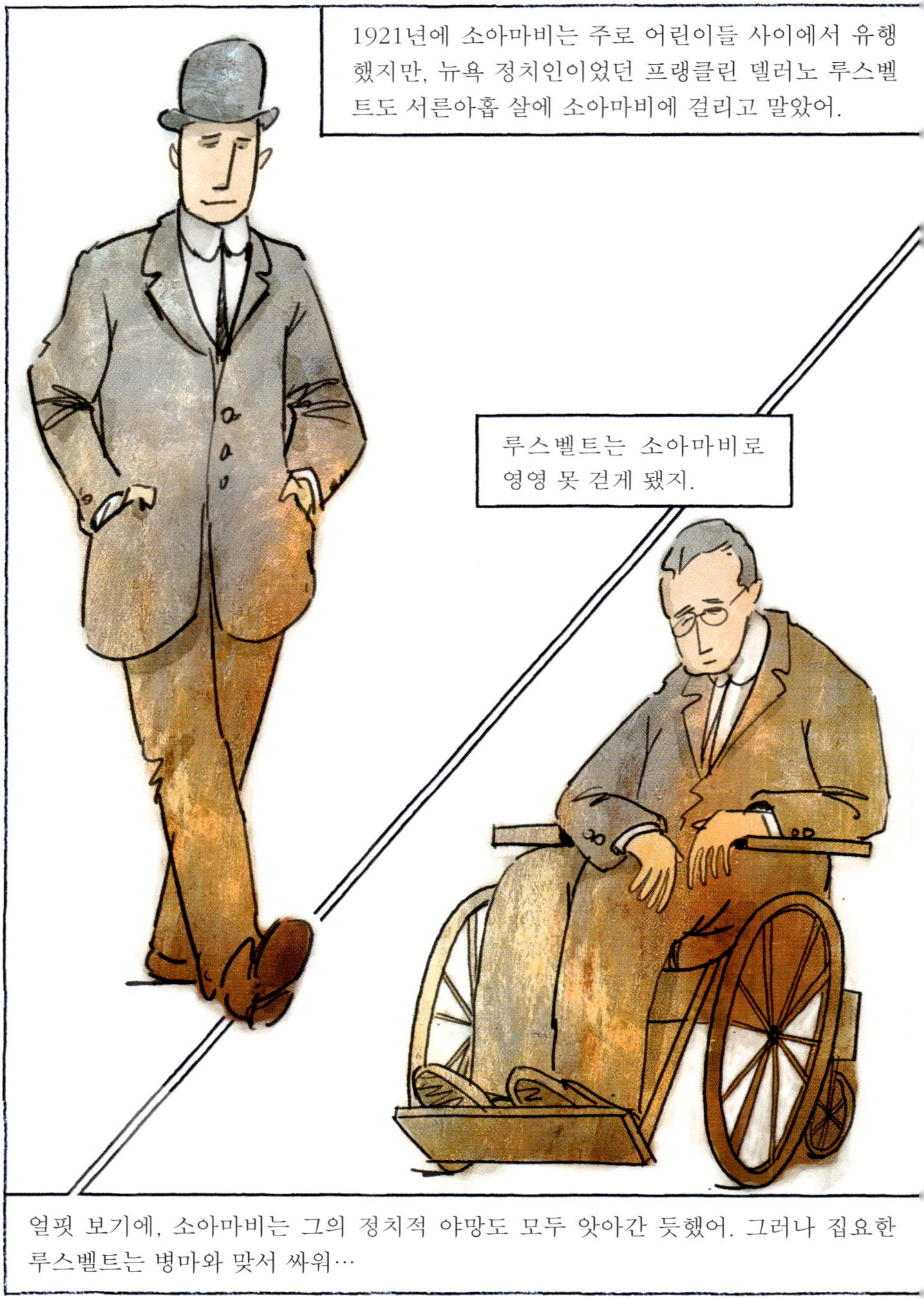
1921년에 소아마비는 주로 어린이들 사이에서 유행했지만, 뉴욕 정치인이었던 프랭클린 델러노 루스벨트도 서른아홉 살에 소아마비에 걸리고 말았어.
루스벨트는 소아마비로 영영 못 걷게 됐지.
얼핏 보기에, 소아마비는 그의 정치적 야망도 모두 앗아간 듯했어. 그러나 집요한 루스벨트는 병마와 맞서 싸워…

루스벨트 다리 보조기
뉴욕 주지사가 되었고,
미국 대통령까지 됐지.

그는 정치인으로 성공하는 동안에도 소아마비에 대한 관심을 잃지 않았어.
"저는 소아마비가 유행하는 것을 매우 우려해 왔습니다.… 그리고 삶이 망가져 고통받는 사람들이 끝없이 늘어 간다는 생각이 계속 제 머릿속에서 떠나지 않습니다. 이 병을 통제할 수 없는 한 이 상황은 반드시 계속될 것입니다…."

1938년, 그는 국립소아마비재단을 만들었어. 이 재단은 소아마비 환자를 돌보고 병을 예방하기 위해 소아마비구제모금운동인 '10센트 모으기 운동(March of Dimes)'을 벌였지.
10센트 모으기 운동은 어른과 아이 모두 똑같이 소아마비와 싸울 수 있게 해 줬어. 누구나 10센트짜리 동전을 보낼 수 있었지. 수백만 개의 동전이 모이면 곧 큰돈이 될 수 있었어!
10센트 모으기 운동
10 센트 모으기

몇 주 만에 동전이 담긴 편지 수만 통이, 미국 대통령이 일하는 백악관에 도착했어.
백악관
백악관
우편
우편
우편
우편
우편

우편 우편
"지난 며칠 동안 엄청나게 많은 편지가, 말 그대로 한 트럭이 백악관으로 왔습니다. 어제 4~5만 통의 편지가 백악관 우편실에 왔는데… 모든 편지봉투 안에 10센트와 25센트 동전, 심지어 지폐—어른과 아이들이 보낸 선물—까지 들어 있었습니다. 아픈 아이들이 나을 수 있게 돕고자 하는 어린이들이 주로 보낸 것입니다. 말 그대로, 셀 수 없이 쏟아져 들어오고…."
프랭클린 델러노 루스벨트
이 첫 모금 운동의 최종 금액은 2백만 달러 가까이 됐어.

10센트 모으기 운동은 미국 인들의 삶에 자리 잡았고, 이 운동으로 수백만 달러가 모금됐어. 그중 일부는 소아마비 백신 개발을 계획하던 백신 과학자 조너스 소크 박사에게 보내졌지.

1952년, 소크는 오늘날에는 받아들여지지 않을 방법으로 실험을 했어. 지체장애나 정신장애가 있는 아이들에게 백신을 시험한 뒤 자신과 자기 가족에게 접종했어.

그리고 이 백신은 효과가 있는 것 같았어.

그러는 동안 미국에서만 5만 8천 명이 소아마비 피해를 겪었어. 미국 최고 기록이었지.
미국인들은 두려워했고, 소아마비보다 무서운 건 핵전쟁밖에 없다고 할 정도였어. 그들은 병에 대한 답을 찾느라 애를 태웠지.
1954년 4월 26일, 소크와 10센트 모으기 운동은 200만 명에 가까운 아이들을 대상으로 시험을 시작했어. 그중 약 44만 명이 백신 접종을 받았지.
"이건 의학 역사상 가장 중요한 연구 과제 중 하나입니다."
베이질 오코너
10센트 모으기 운동 대표
10센트 모으기 운동의 대표 베이질 오코너가 말했어. 미국 역사상 사람을 상대로 한 실험 중에 가장 큰 규모였어.

1년 뒤에 마침내 그 결과가 발표됐어.

백신을 개발하는 데 성공했어!
소크는 나라의 영웅이 되었지.

국가 차원에서 소아마비 예방접종을 하기 위해 희망찬 운동이 시작됐는데… 때마침 비극이 닥쳤어.

아이들 20만 명이 잘못 만들어진 백신을 접종받은 거야. 그중 4만 명이 소아마비에 걸리고 말았어. 200명은 장애를 갖게 됐고, 10명은 사망했어.

이후 백신의 안전을 확보하기 위해 정부가 개입했어.

소크의 백신 뒤에 바로, 앨버트 세이빈 박사가 새로운 백신을 선보였어. 세이빈은 입으로 투여할 수 있고, 소아마비를 평생 예방할 수 있으면서도 더욱 저렴한 백신을 도입하려 했어. 이에 비하면 소크 백신은 상대도 안 되었지.

그리고 세이빈의 백신은 예방접종을 한 적 없는 사람들에게도 면역력—몸이 미생물을 기억하고 다시 나타났을 때 죽일 수 있는 능력—을 제공할 수 있었어.

이게 어떻게 가능할까?

소크는 백신에 죽은 소아마비 바이러스를 이용했지만, 세이빈은 약독화(약하게)한 바이러스를 썼어. 세이빈 백신은 약한 바이러스를 물리치도록 우리 몸의 타고난 방어력을 이끌어 내서 접종받은 사람에게 면역이 생기게 했지. 때로는 백신(약해진 소아마비 바이러스)이 접종받은 사람에게서 그렇지 않은 사람에게로 전염될 때도 있었어. 이 경우 백신을 접종받지 않은 사람도 소아마비에 대한 면역이 생겼지.

그러나 여기 곤란한 점이 있었어. 소아마비 백신이 병을 거의 없애 버렸음에도 일부 사람들, 특히 선천적으로 면역계에 결함이 있는 사람들에게 입으로 투여하는 접종은 본격적인 소아마비를 일으켜 장애를 남길 수 있었어. 미국에서는 1년에 8건에서 10건이 발생했지. 이런 이유로 많은 사람이 병을 일으키지 않는 소크의 죽은 바이러스 백신을 더 좋아했어. 2000년부터, 미국 질병통제예방센터(CDC)는 죽은 바이러스 백신만 허가했어.

이제 여러분은 백신이 정확히 어떻게 작용하는지 궁금할 거야.

먼저, 병에 대한 우리 몸의 타고난 방어수단인 면역계에 대해 알아야 해. 여러분 몸 안팎에는 세균과 바이러스가 수조 개나 있어. 그래, 수조 개라니까.

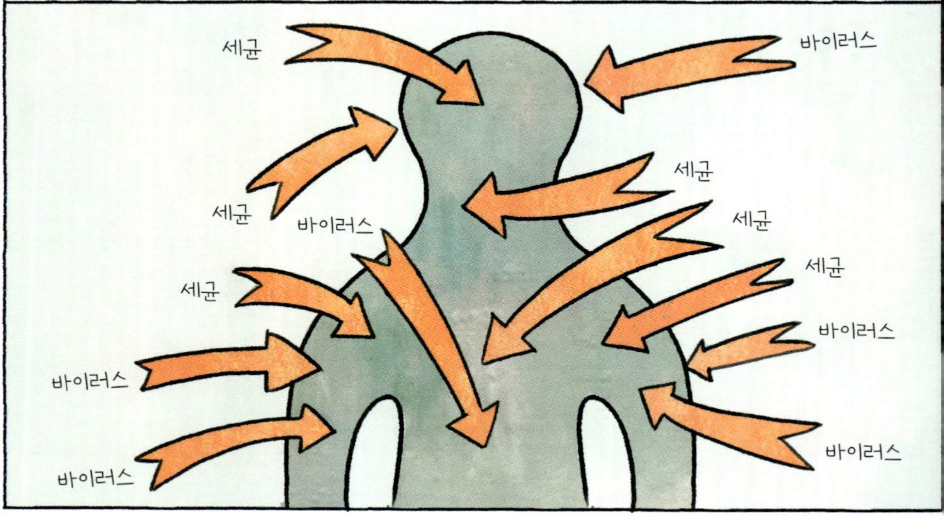

해로운 세균이나 바이러스가 몸 안으로 들어와 그 수가 늘어나기 시작하면…

우리 몸의 타고난 수호자인 백혈구가 즉각 행동에 나서지.

먼저, 백혈구는 수많은 종류 중 어떤 백혈구가 침입자를 공격하는 데 가장 적합한지 알아내야 해.

이건 며칠이 걸릴 수도 있는 일이라서 그동안 사람이 아플 수 있어.

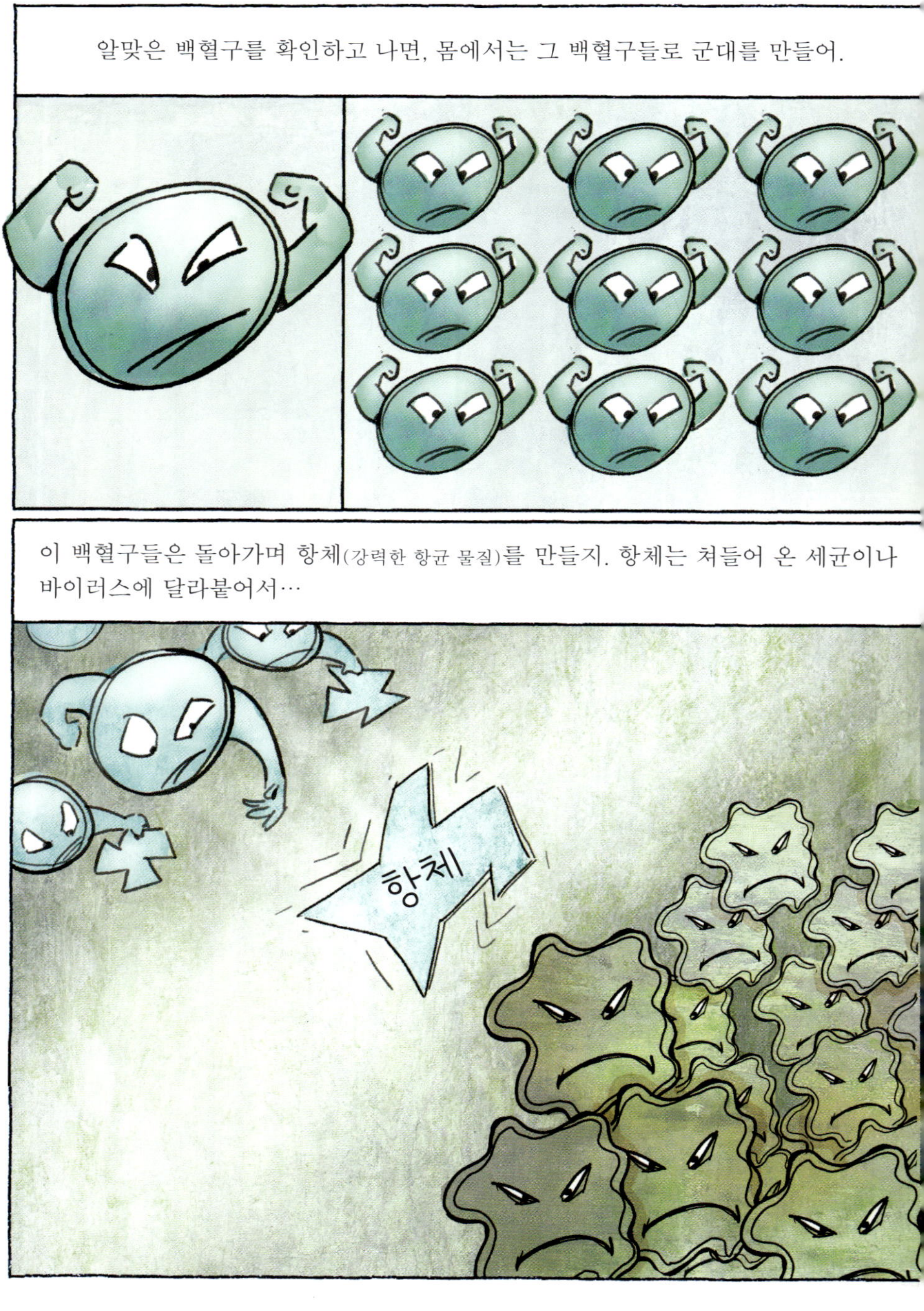
알맞은 백혈구를 확인하고 나면, 몸에서는 그 백혈구들로 군대를 만들어.
이 백혈구들은 돌아가며 항체(강력한 항균 물질)를 만들지. 항체는 쳐들어 온 세균이나 바이러스에 달라붙어서…
항체

세균이나 바이러스를 죽이지.
그 뒤론 기억세포들이 남아서 해로운 세균이나 바이러스를 감시해.
만약 놈들이 다시 발견되면 우리 몸은 며칠씩 기다릴 필요 없이 곧바로 행동에 들어가고, 공격을 가해서 우리가 아프지 않게 해 주지.

백신은 우리 몸에 아주 약하거나 죽은(문제를 일으키거나 위험하지 않은) 병원체★를 주입하지.
★백신의 재료로 병원체 외에 독소, DNA 등 다른 것들도 쓰임—옮긴이.
약한 병원체
죽은 병원체

침입자가 약하든 약하지 않든, 우리 몸의 백혈구는 침입자를 만나면 행동을 개시해. 무엇보다도 이 과정에서 기억세포가 만들어져서…
나중에 그 침입자가 또 들어오면…
몸에서 알아채고 제거하지. 침입자가 있는지 우리가 전혀 눈치채지도 못하는 사이에!

1958년, 국제연합(UN)의 산하 기구로 국제적인 공중보건에 관여하는 세계보건기구(WHO)가 천연두를 박멸할 매우 위대한 생각을 했어.

1966년, 천연두가 여전히 없어지지 않은 44개 나라에서 이 질병을 없애기 위해 천연두 퇴치 프로그램을 가동하기 시작했어.

백신은 제 할 일을 했고, 1977년에 소말리아 병원의 요리사인 알리 마우 말린이 자연적으로 발생한 마지막 천연두에서 살아남았지.

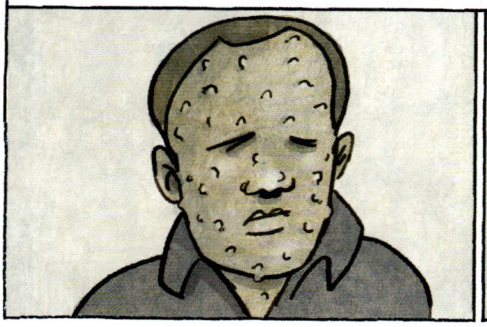

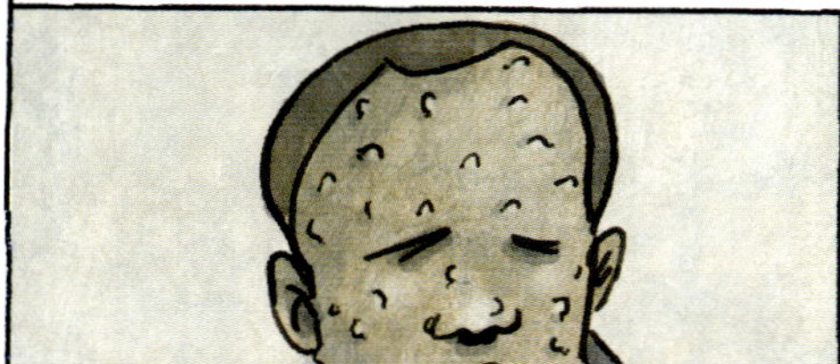

나와 같은 시대를 살았던 사람들은 천연두가 퇴치된 걸 알면 기적이라 할 거야!

공중보건 관계자들은 퇴치해야 할 질병을 더 찾았어. 과학자들은 가능성 있는 목표로 홍역을 주목했어. 홍역은 열, 콧물, 발진을 일으키고, 전파가 잘 되는 병이야. 시력을 잃거나 죽는 환자들도 있었어.

그러던 1998년에 어떤 사람이 위대한 생각을 했어. 영국의 의사이자 연구자인 앤드루 웨이크필드가 흔히 사용되던 홍역, 볼거리, 풍진[MMR]★ 백신을 발달장애의 하나인 자폐증과 관련지었어.

★볼거리의 정식 명칭은 '유행성 이하선염'이고, MMR는 세 질병의 알파벳 앞글자(Measles, Mumps, Rubella)를 모아서 붙인 이름 — 옮긴이.

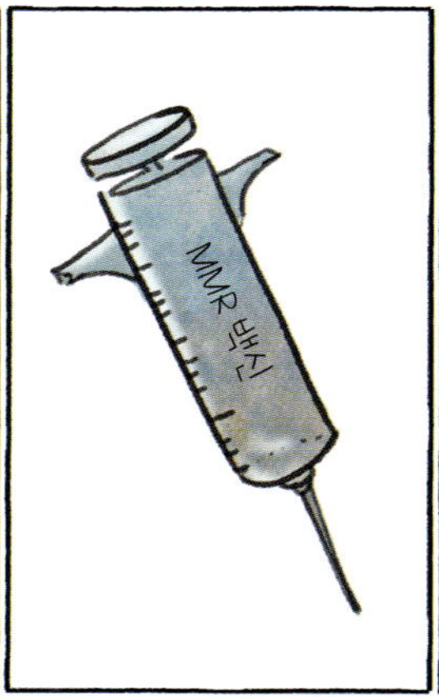

많은 부모가 겁에 질려서 어린 자녀의 필수 예방접종을 중단했어. 그 결과 홍역이 유럽과 호주, 미국에서 갑자기 늘어났지.

그러나 웨이크필드의 위대한 생각에는 문제가 있었어. 그건 거짓말이었거든. 웨이크필드가 '더 안전한' 백신을 제공해 돈을 벌려고 틀린 자료를 발표했던 거야. 간단히 말해, 그의 보고는 사기였어.

연구를 통해 MMR 백신은 안전하며, 자폐증과 관련이 없다고 입증됐어. 덴마크의 한 연구에서 어린이 44만여 명이 예방접종을 받았는데…

"접종받을 당시 나이와 접종받은 뒤의 기간, 또는 접종받은 날짜와 자폐증 사이에는 아무런 관련이 없었습니다."

그러나 이렇게 증거가 있는데도, 아직도 백신이 해롭다는 믿음에 매달려 자녀들의 예방접종을 거부하는 사람들이 있어.

결국 웨이크필드는 의사 면허를 빼앗겼고, 모든 위대한 생각이 옳고 선한 것은 아니라는 것을 보여줬지.

그렇지만 더 큰 그림을 놓치면 안 돼. 백신은 깨끗한 물, 위생과 함께 공중 보건에 가장 크게 공헌한 것 중 하나로 손꼽아. 백신은 질병 발생 건수를 대폭 줄여 줬지. 디프테리아와 볼거리, 백일해, 파상풍 감염은 92% 넘게 줄었고, 사망 건수는 99% 이상 감소했어.
미국에서는 백신이 전염성 질병을 1억 건 넘게 예방했다고 해!
심지어 나 같은 18세기 사람도 백신이 가치 있는 위대한 생각이었다는 걸 알 수 있었지.

코로나바이러스감염증-19 (COVID-19)
그 뒤 백신은 다시 세계적인 뉴스거리가 되었어.
2019년 가을, 중국의 우한에서 몇 사람이 열이 나고, 기침을 하고, 근육통을 앓았어…
식품시장
수산물과 가금류 시장에 들른 뒤에.
에취!

그들은 폐렴과 비슷한 증세의 병을 앓았고, 이 병은 곧 다른 사람들에게 전파됐어. 그해 12월 말까지 적어도 60명이 같은 증상을 보였어. 2020년 1월에 중국 당국은 이 병으로 사망한 첫 사례를 발표했어.

1년이 넘게 지나는 동안 세계적으로 이 병에 걸린 사람은 1억명이 넘었고, 이 중 240만 명이 넘는 사람이 사망했어.

그리고 병은 지금도 계속되고 있지.

1918년에 유행했던 스페인 독감 이후 가장 끔찍한 세계적 유행병(팬데믹. 전 세계적으로 퍼진 병)이 됐어.

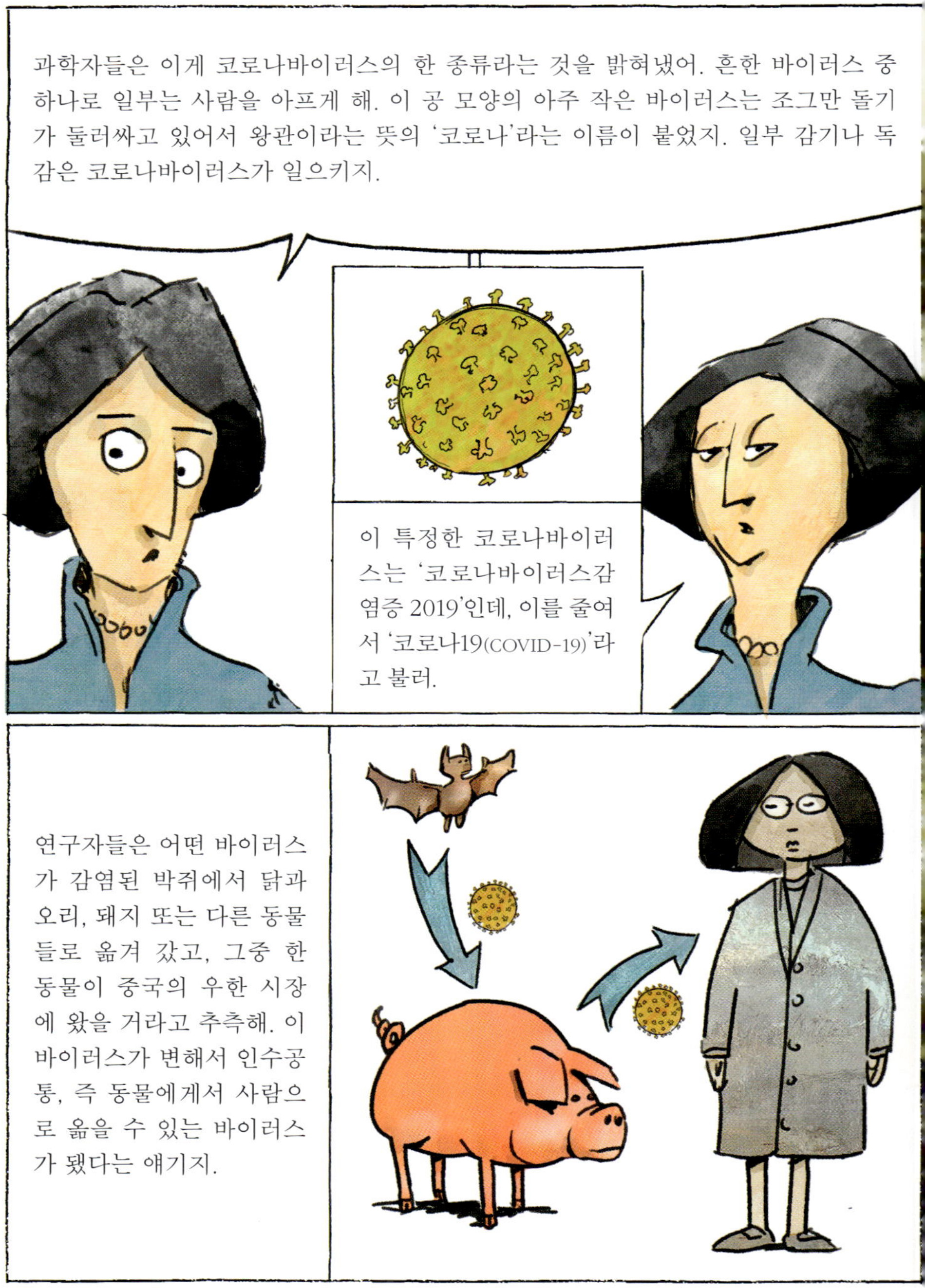
과학자들은 이게 코로나바이러스의 한 종류라는 것을 밝혀냈어. 흔한 바이러스 중 하나로 일부는 사람을 아프게 해. 이 공 모양의 아주 작은 바이러스는 조그만 돌기가 둘러싸고 있어서 왕관이라는 뜻의 '코로나'라는 이름이 붙었지. 일부 감기나 독감은 코로나바이러스가 일으키지.
이 특정한 코로나바이러스는 '코로나바이러스감염증 2019'인데, 이를 줄여서 '코로나19(COVID-19)'라고 불러.
연구자들은 어떤 바이러스가 감염된 박쥐에서 닭과 오리, 돼지 또는 다른 동물들로 옮겨 갔고, 그중 한 동물이 중국의 우한 시장에 왔을 거라고 추측해. 이 바이러스가 변해서 인수공통, 즉 동물에게서 사람으로 옮을 수 있는 바이러스가 됐다는 얘기지.

이 독특한 바이러스는 주로 사람의 폐 세포를 공격해서 증식하는 데 이용하기 때문에 폐가 손상돼. 감염자는 숨을 쉴 때마다 바이러스를 공기 중에 안개처럼 뿜어내고, 바이러스는 다른 사람의 폐로 빨려 들어가서 다른 희생자를 만들어 내지.

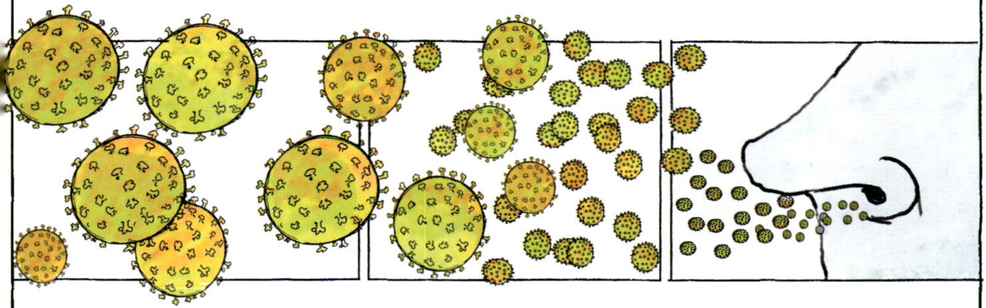

감염된 사람들을 도울 약물이나 치료법은 제한되어 있었어. 병원은 아픈 사람들로 발 디딜 틈이 없고, 병상과 물품도 부족했어. 나라마다 사망률도 달랐지. 또 노인이 젊은이보다 취약하다고 밝혀졌어. 스페인 독감으로 5000만 명이 넘게 죽었던 기억 때문에 사람들은 공포에 떨었어.

병에 맞설 방법이 별로 없는 탓에, 집에 머물고 누구와도 접촉을 피하라는 지침이 내려졌어. 새로운 코로나19 환자들이 생기질 않길 바라면서 말이야. 학교와 식당, 회사 등 모든 곳이 문을 닫거나 영업시간이 제한되었지. 세상이 멈춘 거나 다름없어.

아픈 사람은 건강한 사람과 떨어져 지내게 했고, 외부와 철저히 차단된 곳은 감염률이 떨어졌어. 그러나 엄청난 손실이 뒤따랐지. 어떤 사람들은 직장과 수입을 잃게 되면서 집세를 내지 못하거나 식료품을 사지 못했어. 정부가 도왔으나 생활은 크게 혼란에 빠졌어.

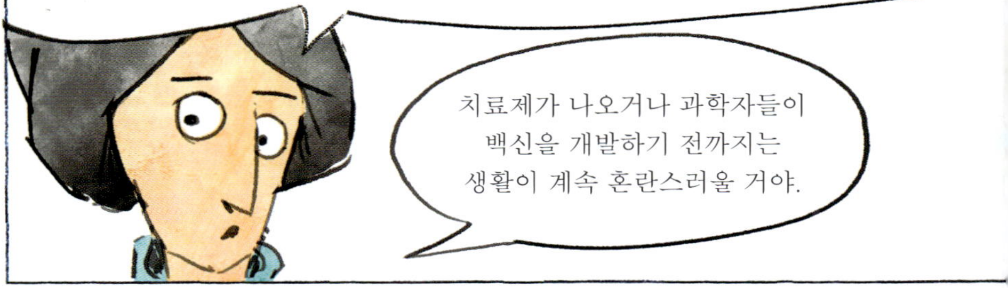

치료제가 나오거나 과학자들이 백신을 개발하기 전까지는 생활이 계속 혼란스러울 거야.

천연두와 홍역, 소아마비 백신처럼, 우리 몸의 타고난 방어 체계를 촉진하는 게 핵심이야. 우리 몸에 침입하는 바이러스나 세균에 맞서 면역세포가 행동에 들어가게 하고, 훗날 침입자가 다시 돌아오면 싸울 수 있게 말이야.

전 세계의 과학자들이 코로나19 백신을 만들기 위해 온 힘을 다하고 있어. 어떤 이들은 천연두처럼 전통적인 백신의 길을 따르고 있지. 해가 없거나 죽은 상태의 바이러스를 몸에 집어넣어서 면역계에 불을 붙이는 거야.

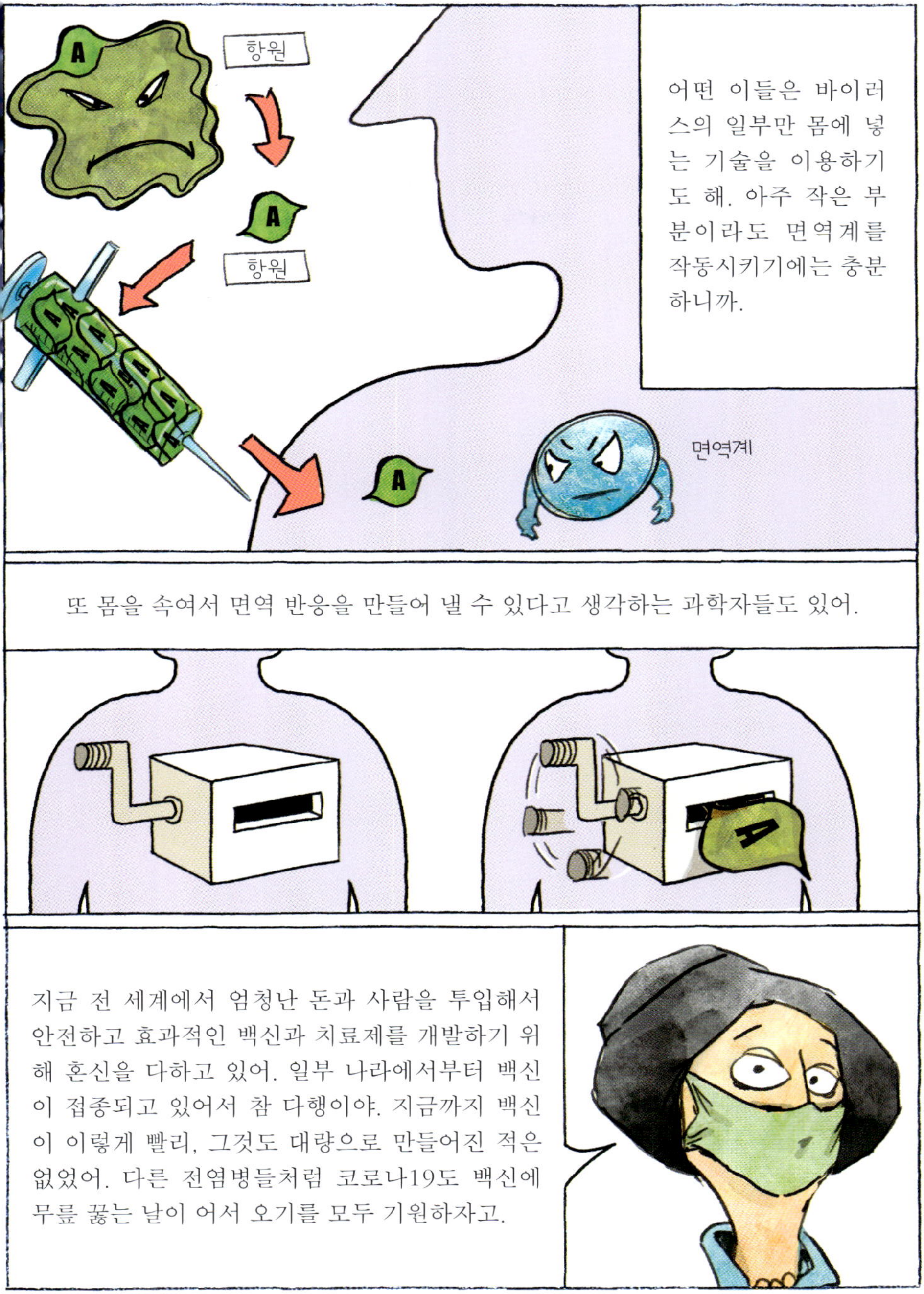
항원
항원
어떤 이들은 바이러스의 일부만 몸에 넣는 기술을 이용하기도 해. 아주 작은 부분이라도 면역계를 작동시키기에는 충분하니까.
면역계
또 몸을 속여서 면역 반응을 만들어 낼 수 있다고 생각하는 과학자들도 있어.
지금 전 세계에서 엄청난 돈과 사람을 투입해서 안전하고 효과적인 백신과 치료제를 개발하기 위해 혼신을 다하고 있어. 일부 나라에서부터 백신이 접종되고 있어서 참 다행이야. 지금까지 백신이 이렇게 빨리, 그것도 대량으로 만들어진 적은 없었어. 다른 전염병들처럼 코로나19도 백신에 무릎 꿇는 날이 어서 오기를 모두 기원하자고.

간략히 보는 백신 연표

기원전 300

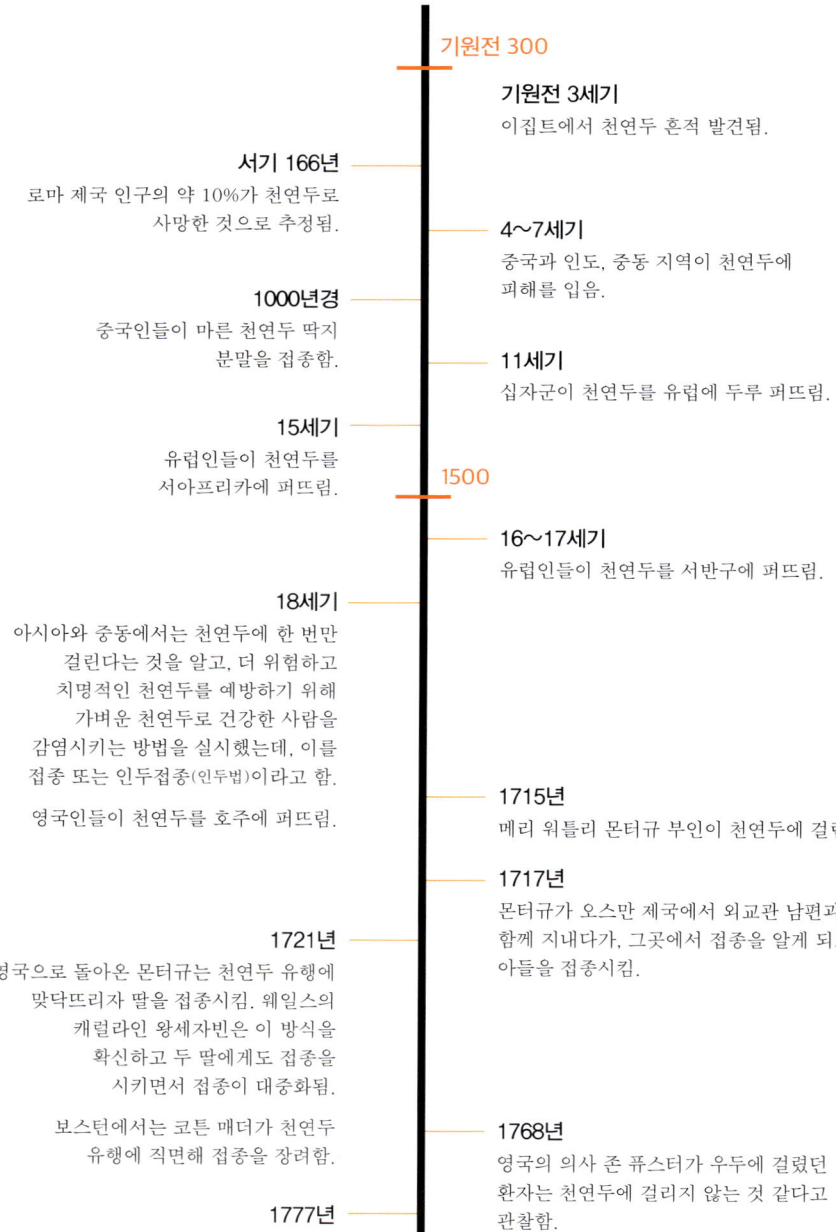

기원전 3세기
이집트에서 천연두 흔적 발견됨.

서기 166년
로마 제국 인구의 약 10%가 천연두로 사망한 것으로 추정됨.

4~7세기
중국과 인도, 중동 지역이 천연두에 피해를 입음.

1000년경
중국인들이 마른 천연두 딱지 분말을 접종함.

11세기
십자군이 천연두를 유럽에 두루 퍼뜨림.

15세기
유럽인들이 천연두를 서아프리카에 퍼뜨림.

1500

16~17세기
유럽인들이 천연두를 서반구에 퍼뜨림.

18세기
아시아와 중동에서는 천연두에 한 번만 걸린다는 것을 알고, 더 위험하고 치명적인 천연두를 예방하기 위해 가벼운 천연두로 건강한 사람을 감염시키는 방법을 실시했는데, 이를 접종 또는 인두접종(인두법)이라고 함.

영국인들이 천연두를 호주에 퍼뜨림.

1715년
메리 워틀리 몬터규 부인이 천연두에 걸림.

1717년
몬터규가 오스만 제국에서 외교관 남편과 함께 지내다가, 그곳에서 접종을 알게 되고 아들을 접종시킴.

1721년
영국으로 돌아온 몬터규는 천연두 유행에 맞닥뜨리자 딸을 접종시킴. 웨일스의 캐럴라인 왕세자빈은 이 방식을 확신하고 두 딸에게도 접종을 시키면서 접종이 대중화됨.

보스턴에서는 코튼 매더가 천연두 유행에 직면해 접종을 장려함.

1768년
영국의 의사 존 퓨스터가 우두에 걸렸던 환자는 천연두에 걸리지 않는 것 같다고 관찰함.

1777년
조지 워싱턴이 미국군에 의무접종을 명령함.

1796년

한때 퓨스터의 조수였던, 의사 에드워드 제너가 천연두를 막기 위해 세라 넴스의 우두 딱지에서 얻은 물질을 제임스 핍스에게 집어넣어 접종함. 제너는 우두라는 뜻의 라틴어인 'vaccinia'에서 영감을 받아 이 예방물질을 '백신'이라고 부름.

1825

1840년

영국이 사람에게서 사람으로 천연두를 옮기는 인두접종을 금지하고, 우두를 이용한 예방접종을 장려함.

1850

1855년

매사추세츠주가 어린이에게 접종을 받도록 명령하는 법을 최초로 통과시킴.

1874년

강제접종이 독일에서 법으로 정해짐. 천연두로 인한 사망이 곤두박질침.

1875

1876년

독일의 의사 로베르트 코흐가 탄저균의 생활사를 밝힘.

1879년

프랑스의 과학자 루이 파스퇴르가 약독화(약하게)한 닭 콜레라 균주를 이용하면 효과적인 닭 콜레라 백신을 만들 수 있다는 것을 우연히 발견함.어떤 이들은 이 발견을 면역학의 탄생이라고 함.

1885년

영국의 백신 반대 시위자 10만 명이 접종을 의무화하는 법에 반대하기 위해 레스터시에 모임.

1885년

최초의 콜레라 백신.

파스퇴르가 광견병 백신을 만들고, 에드워드 제너를 기념해 자신의 발명품을 백신이라고 부름. 그는 이 단어를 천연두·우두라는 특정한 유래가 아닌, 면역을 촉진하기 위해 투여하는 약하게 만든 모든 미생물을 가리키는 일반적인 용어로 만듦.

1890년

코흐가 미생물학 연구 시 따라야 할 단계를 담은 원칙을 발표함.

1896년

최초의 장티푸스 백신.

1897년

최초의 림프절페스트 백신.

1900

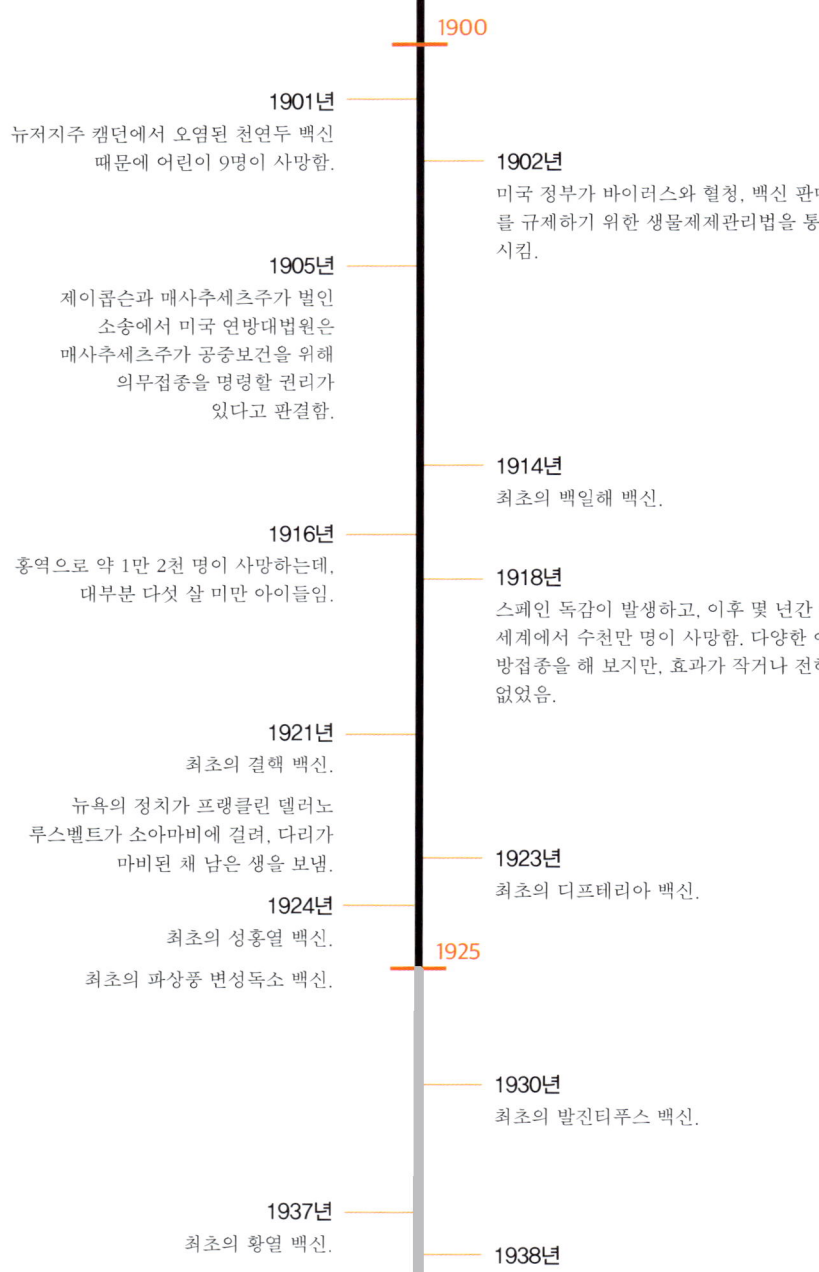

1901년
뉴저지주 캠던에서 오염된 천연두 백신 때문에 어린이 9명이 사망함.

1902년
미국 정부가 바이러스와 혈청, 백신 판매를 규제하기 위한 생물제제관리법을 통과시킴.

1905년
제이콥슨과 매사추세츠주가 벌인 소송에서 미국 연방대법원은 매사추세츠주가 공중보건을 위해 의무접종을 명령할 권리가 있다고 판결함.

1914년
최초의 백일해 백신.

1916년
홍역으로 약 1만 2천 명이 사망하는데, 대부분 다섯 살 미만 아이들임.

1918년
스페인 독감이 발생하고, 이후 몇 년간 전 세계에서 수천만 명이 사망함. 다양한 예방접종을 해 보지만, 효과가 작거나 전혀 없었음.

1921년
최초의 결핵 백신.

뉴욕의 정치가 프랭클린 델러노 루스벨트가 소아마비에 걸려, 다리가 마비된 채 남은 생을 보냄.

1923년
최초의 디프테리아 백신.

1924년
최초의 성홍열 백신.

최초의 파상풍 변성독소 백신.

1925

1930년
최초의 발진티푸스 백신.

1937년
최초의 황열 백신.

1938년
소아마비를 치료하기 위해 10센트 모으기 운동이 시작됨.

1939년
최초의 진드기매개뇌염 백신.

1945년
최초의 인플루엔자 백신.

1950

1952년
조너스 소크가 소아마비 백신 시험하기 시작함.

1954년
최초의 탄저병 백신.

1954년
200만 명에 가까운 미국 어린이가 소크의 소아마비 백신 시험에 참여함.

1955년
커터 사건. 커터 연구소의 결함이 있는 소아마비 백신이 7만 건의 소아마비를 일으켜, 164명이 마비되고 10명이 사망함.

1955년
소크의 소아마비 실험 결과, 백신이 80~90%의 효과를 나타내며, 즉시 미국 전역에 널리 사용됨.

1960년
앨버트 세이빈의 소아마비 백신을 허가함. 세이빈의 백신은 소크의 죽은 바이러스 대신 살아 있는 약한 소아마비 바이러스가 들어 있으며, 입으로 투여할 수 있음. 미국에서 선호하는 백신이 됨.

1963년
최초의 홍역 백신.

1966년
세계보건기구(WHO)가 천연두 퇴치 프로그램을 시작함.

1967년
최초의 볼거리 백신.

1969년
최초의 풍진 백신.

1974년
최초의 수두 백신.

1975

1977년
소말리아의 알리 마우 말린이 자연적으로 감염된 마지막 천연두 환자가 됨.

1978년
최초의 수막염 백신.

1978년
영국에서 재닛 파커가 마지막 천연두 사망자가 되는데, 파커는 생물학 실험실 사고의 명백한 피해자임.

1980년
천연두 없는 세상을 선언함. 천연두 근절은 세계 공중보건의 가장 위대한 승리로 찬양받음.

1981년
최초의 B형 간염 백신.

1991년
최초의 A형 간염 백신.

1998년
최초의 라임병 백신.

최초의 로타바이러스 백신.

영국의 의사 앤드루 웨이크필드가 홍역, 볼거리, 풍진(MMR) 혼합백신이 아동에게 자폐증을 일으킨다는 논문을 발표함.

2000

2006년
최초의 자궁경부암을 예방하기 위한 백신.

2010년
과학적 연구와 탐사 보도의 결과, 앤드루 웨이크필드는 '부정하고 무책임하게' MMR 백신이 자폐증을 일으킨다는 '완전히 거짓된' 주장을 한 이유로 의사 면허가 취소됨.

2015년
최초의 말라리아 백신.

최초의 뎅기열 백신.

2019년
최초의 에볼라 백신을 승인함.

웨이크필드가 신임을 잃었으나, 일부 부모들이 자폐증과 MMR 백신을 연관 지은 엉터리 논문에 매달리면서 미국은 1992년 이래 최악의 홍역 발생을 겪음.

12월에 중국의 우한에서 코로나19가 발견됨.

2022년 5월
5월 24일까지 전 세계 코로나19 환자는 약 5억 2천만 명, 사망자는 약 630만 명 발생함.

메리 워틀리 몬터규는 누구인가?

〈메리 워틀리 몬터규와 아들 에드워드
(홍역 접종을 받음)〉
장 바티스트 방무르, 1717년경, 캔버스에 유채.

메리 피어펀트(1689. 5. 26~1762. 8. 21)로 태어난 그는 한 부유한 영국 공작의 맏이였다. 메리는 작문에 소질이 있었고, 십대 시절에 시 두 권과 소설 한 편을 썼다. 그는 나이에 비해 성숙한 재능이 있었고, 독립심이 강했다. 아버지가 마련한 결혼을 거부하고, 1712년 정치인인 에드워드 워틀리 몬터규와 도망쳐 결혼한다.

1년 뒤 메리의 남동생이 20살에 천연두로 사망하면서 비극이 시작된다. 메리도 1715년에 천연두에 걸려, 죽음은 면했으나 외모가 손상되는 건 피할 수 없었다. 메리의 아름다움이 사라지면서 남편의 애정도 사그라든 것으로 보이며, 그들의 결혼은 오직 껍데기로만 남게 된다. 1716년에 메리는 오스만 제국의 수도인 콘스탄티노플의 대사로 임명된 에드워드 몬터규와 함께 오스만 제국으로 갔다. 콘스탄티노플은 오늘날 터키의 문화와 경제의 중심지인 이스탄불이다.

메리는 그곳에서 가벼운 천연두를 한 사람에게서 다른 사람으로 옮기는 관행을 목격한다. 오스만 제국 사람들은 천연두는 한 번만 걸린다는 상식이 있어서, 두 번째 사람을 '완화된' 천연두로 감염시키면 죽거나 외모가 망가지는 것을 예방할 수 있었다. 천연두로 인한 불행한 경험을 떠올리며, 메리는 네 살 난 아들 에드워드를 접종시켰다. 가볍게 감염된 환자의 고름을 에드워드의 피부에 긁어서 낸 상처에 넣었다.

몬터규 가족이 영국으로 돌아온 뒤인 1721년, 영국에서 천연두가 유행하자 메리는 딸을 접종시켰다. 웨일스의 캐럴라인 왕세자빈이 이를 받아들여 자신의 자식들 중 두 딸을 접종시켰다. 일종의 왕실 승인 도장을 받게 되면서, 접종은 영국에서 널리 퍼지게 되었다.

메리는 '터키 대사관 편지'로 알려진 52통의 편지에서 오스만 제국의 생활상을 관찰해 묘사했다. 천연두 접종에 대한 설명과 함께, 법과 종교를 포함한 오스만 제국의 삶을 호의적으로 기록했다. 비록 그곳의 노예 문화가 자비롭다고 묘사한 것에 당사자들은 동조하지 않았을 테지만 말이다. 그는 오스만 제국 여성들의 은밀한(남성 작가들은 관찰할 수 없는) 삶을 드러냈다. '터키 대사관 편지'는 뒤이은 여성 여행 작가들에게 영감을 주었다.

메리는 인생의 많은 시기를 남편과 떨어져 이탈리아와 프랑스에서 보냈다. 그는 지성과 자립, 재치를 유산으로 남기고, 1762년에 병으로 사망했다.

주석

14쪽: "우리에게 반항하는 인디언 부족들에게… 반드시 놈들의 수를 줄여야 해." 해럴드 B. 질 2세, 「식민지 세균전(Colonial Germ Warfare)」, 콜로니얼 윌리엄스버그 재단, 2004.

29쪽: "얼굴 한 꺼풀이 행복의 토대가 될 순 없잖아." 아치볼드 윈클리프 경, 『메리 몬터규의 편지와 작품들』, 헨리 G. 본, 1863, 175쪽.

33쪽: "그 착한 할머니가 일을 시작했어요… 아주 살짝만 아프게 접종했지요." 로버트 할스번드, 『메리 워틀리 몬터규 부인의 생애』, 옥스퍼드 대학교 출판부, 1960, 81쪽.

66쪽: "우두의 매우 특별한 점은… 영원히 그렇다는 것입니다." 에드워드 제너, 『천연두 백신의 원인과 결과에 대한 연구』, D. N. 셔리, 1802, 7쪽.

68~69쪽: "나는 우두를 접종하기 위해… 고름을 집어넣었어요." 에드워드 제너, 위의 책, 29~32쪽.

77쪽: "케임브리지시는 시민의 안전을 위협하는 병의 유행에 맞서 시를 보호할 권리가 있다." 율라 비스와 메이비스 비스, 「백신접종 거부자들은 양심적인 거부자인가?」, 《애틀랜틱》, 2019년 7월 29일.

80~81쪽: "난 작은 유리병에 물을 조금 담았다.… 생물보다도 천 배는 더 작다." 존 케리 외, 『과학의 목격자』, 하버드 대학교 출판부, 1995, 28~29쪽.

98쪽: "저는 소아마비가 유행하는 것을… 반드시 계속될 것입니다…." 프랭클린 D. 루스벨트 대통령 도서관과 박물관.

99쪽: "10센트 모으기 운동은 어른과 아이 모두… 수백만 개의 동전이 모이면 곧 큰돈이 될 수 있었어!" 「우리 이름의 기원(Origin of our name)」, 소아마비구제모금운동협회.

101쪽: "지난 며칠 동안 엄청나게 많은 편지가… 셀 수 없이 쏟아져 들어오고…." 소아마비구제모금운동협회.

103쪽: "이건 의학 역사상 가장 중요한 연구 과제 중 하나입니다." 〈소아마비 운동(The Polio Crusade)〉, 미국의 체험, PBS, 2009, 37:40.

117쪽: "접종받을 당시 나이와 접종받은 뒤의 기간, 또는 접종받은 날짜와 자폐증 사이에는 아무런 관련이 없었습니다." 크레스텐 멜가르 마센 외, 「홍역, 볼거리, 풍진 예방접종 및 자폐증에 대한 인구 기반 연구」, 《뉴잉글랜드 의학 저널》, 2002년 11월 7일.

참고문헌

이 책은 특정한 조건 내에서 사람들과 장소, 의상 등이 묘사되는 만화 예술 작품입니다. 그러나 필자는 당시 상황을 전달하는 데 필요한 정확성을 보장하기 위해 참고문헌들을 포함해, 다음과 같이 공개적으로 이용할 수 있는 다양한 자료들을 참고했습니다.

도서

존 캐리 외, 『과학의 목격자』, 케임브리지: 하버드 대학교 출판부, 1995.

로버트 할스반드, 『메리 워틀리 몬터규 부인의 생애』, 뉴욕: 옥스퍼드 대학교 출판부, 1960.

리처드 S. 어윈·제임스 M. 리피, 『집중치료학(6판)』, 필라델피아: 월터스 클루워, 2008.

에드워드 제너, 『천연두 백신의 원인과 결과에 대한 연구』, 런던: D. N. 셔리, 1802. ia800404.us.archive.org/15/items/b28521730/b28521730.pdf.

마이클 킨치, 『희망과 공포 사이: 백신과 인류 면역의 역사』, 뉴욕: 페가수스북스, 2018.

스탠리 A. 플롯킨 외, 『백신 개발의 역사』, 뉴욕: 스프링어, 2011. books.google.com/books?id=Wf2jS_4lCOAC&printsec=frontcover.

아치볼드 윈클리프 경, 『메리 워틀리 몬터규 부인의 편지와 작품들』, 런던: 헨디 G. 본, 1863. archive.org/details/lettersworksofla01inmont/page/n5.

글

줄리아 벨루즈, 「연구 사기는 예방접종운동을 촉진했다. 역사를 반복하지 말자」, 《복스(Vox)》, 2019년 3월 5일. www.vox.com/2018/2/27/17057990/andrew-

wakefield-vaccines-autism-study.
에드워드 A. 벨롱기어·앨리슨 L. 네일웨이, 「천연두 백신: 좋은 것, 나쁜 것, 추악한 것」, 《임상 의학 연구(Clinical Medical Research)》, 2003년 4월. www.ncbi.nlm.nih.gov/pmc/articles/PMC1069029/
P. 베르체, 「루이 파스퇴르, 생명의 결정에서 예방접종까지」, 《임상 미생물학과 감염(Clinical Microbiology and Infection)》, 2012년 10월. www.clinicalmicrobiologyandinfection.com/article/S1198-743X(14)61355-0/fulltext.
율라 비스·메이비스 비스, 「백신 접종 거부자들은 양심적인 거부자인가?」, 《애틀랜틱(The Atlantic)》, 2019년 7월 29일. www.theatlantic.com/family/archive/2019/07/anti-vaxxers-measles-conscience-morals/594646/
샌드러 블레이크슬리, 「연구 결과에 따르면, 백신에서 자폐증 관련 증거가 보이지 않는다」, 《뉴욕 타임스(New York Times)》, 2001년 4월 24일. www.nytimes.com/2001/04/24/us/no-evidence-of-autism-link-is-seen-in-vaccine-study-says.html.
아서 보일스턴, 「접종의 기원」, 《왕립의학협회 저널(Journal of the Royal Society of Medicine)》, 2012년 7월, 105: 309-313. www.ncbi.nlm.nih.gov/pmc/articles/PMC3407399/
저캐리 브레넌·새러 오웨몰, 「왜 획기적인 약물이 전염병을 종식시키지 못하는가」, 《폴리티코(Politico)》, 2020년 4월 30일. www.politico.com/news/2020/04/30/remdesivir-drug-coronavirus-227208.
헬렌 데이비슨, 「11월에 발생한 최초의 Covid-19 사례, 중국 정부 기록 쇼—보고서」, 《가디언(guardian)》, 2020년 3월 13일. www.theguardian.com/world/2020/mar/13/first-covid-19-case-happened-in-november-china-government-records-show-report.
브라이언 디어, 「MMR 백신을 반대한 사례는 어떻게 해결되었나」, 《영국 의학 저널

(BMJ)》, 2011년 1월 6일. www.bmj.com/content/342/bmj.c5347.
레너드 엥겔, 「감동적인 의료 드라마의 절정」, 《뉴욕 타임스》, 1954년 1월 10일. www.nyti.ms/31X3Jmn.
존 M. 아일러, 「역사 속의 천연두: 공포스러운 질병의 탄생과 종식 및 영향」, 《실험실과 임상 의학 저널(The Journal of Laboratory and Clinical Medicine)》, 2003년 10월. www.translationalres.com/article/S0022-2143(03)00102-1/abstract.
로렌스 파머, 「코튼 매더는 언제 천연두와 싸웠나」, 《아메리칸 헤리티지(American Heritage)》, 1957년 8월. www.americanheritage.com/when-cotton-mather-fought-smallpox.
마이클 피츠패트릭, 「커터 사건: 미국 최초의 소아마비 백신은 어떻게 백신의 위기로 커졌을까」, 《왕립의학협회 저널》, 2006년 3월. www.ncbi.nlm.nih.gov/pmc/articles/PMC1383764/
에먼 기어론, 「메리 워틀리 몬터규 부인은 누구인가?」, 내셔널 트러스트 재단(National Trust Organization). www.nationaltrust.org.uk/features/who-was-lady-mary-wortley-montagu.
해럴드 B. 질 2세, 「식민지 세균전(Colonial Germ Warfare)」, 콜로니얼 윌리엄스버그 재단(Colonial Williamsburg Foundation), 2004. www.history.org/Foundation/journal/Spring04/warfare.cfm.
브라이언 그린우드, 「세계 보건에 대한 예방 접종의 기여: 과거, 현재, 미래」, 《왕립학회 철학적 보고 G: 생물 과학(Philosophical Transactions of the Royal Society G: Biological Sciences)》, 2014년 6월 19일. www.ncbi.nlm.nih.gov/pmc/articles/PMC4024226/
「소아마비, 주 북부로 퍼지다」, 《뉴욕 타임스》, 1921년 8월 23일. www.nyti.ms/2HkSAE2.
제프리 클루거, 「FDR의 소아마비: 영혼 속의 강철」, 《타임(Time)》, 2014년 9월 12일.

www.time.com/3340831/polio-fdr-roosevelt-burns/

토머스 S. 쿠퍼, 「오래된 것과 새로운 것: 백신 생물학과 피부 T 세포의 최근 혁신」, 《피부 연구학회 저널(Journal of Investigative Dermatology)》, 2012, 3월. www.ncbi.nlm.nih.gov/pmc/articles/PMC3644944/

크레스텐 멜가르 마센 외, 「홍역, 볼거리, 풍진 예방접종 및 자폐증에 대한 인구 기반 연구」, 《뉴잉글랜드 의학 저널(The New England Journal of Medicine)》, 2002년 11월 7일. www.nejm.org/doi/full/10.1056/NEJMoa021134.

엘렌 R. 밀러 외, 「예방 접종 후 사망: 증거는 무엇을 보여 줄까?」, 《백신(Vaccine)》, 2015년 6월 26일. www.ncbi.nlm.nih.gov/pmc/articles/PMC4599698/

스테판 레이델, 「에드워드 제너와 천연두와 예방 접종의 역사」, 《베일러 의료센터 회보(Baylor Medical Center Proceedings)》, 2005년 1월. www.ncbi.nlm.nih.gov/pmc/articles/PMC1200696/

레너드 윌러스 로빈스, 「이제 소아마비를 위한 세이빈 백신」, 《뉴욕 타임스》, 1959년 9월 6일. www.nyti.ms/2PpX7f5.

S. W. 루시·T. V. 머피, 「미국에서 백신으로 예방할 수 있는 질병에 대한 이환율과 사망률의 역사적 비교」, 《미국의학협회보(Journal of the American Medical Association)》, 2007년 11월 14일. www.ncbi.nlm.nih.gov/pubmed/18000199.

안드리아 A. 러스녹, 「제너의 발견의 역사적 맥락과 뿌리」, 《인류 백신과 면역요법(Human Vaccines & Immunotherapeutics)》, 2016년 3월 22일. www.ncbi.nlm.nih.gov/pmc/articles/PMC4994746/

T. S. 라오 사트야나라바나·치타라냔 안드레이드, 「MMR 백신과 자폐증: 파장, 반박, 철회 및 사기」, 《인도 정신의학 저널(Indian Journal of Psychiatry)》, 2011년 4~6월. www.ncbi.nlm.nih.gov/pmc/articles/PMC3136032/

해럴드 M. 슈멕 2세, 「백신으로 소아마비에 영향을 준 조너스 소크 박사, 80세에 사망」, 《뉴욕 타임스》, 1995년 6월 24일. www.nyti.ms/2HhK0Wr.

켄덜 A. 스미스, 「면역학의 아버지, 루이 파스퇴르?」, 《첨단면역학회》, 2012년 4월 10일. www.ncbi.nlm.nih.gov/pmc/articles/PMC3342039/

스티브 스턴버그, 「어떤 소아마비 백신이 정말 더 낫습니까?」, 《워싱턴 포스트(Washington Post)》, 1995년 7월 25일. www.washingtonpost.com/archive/lifestyle/wellness/1995/07/25/which-polio-vaccine-is-really-better/92b13aba-b5dc-4e13-8730-102831af287e/?noredirect=on.

프랭크 L. 타브래, 「코흐의 가설, 육식 소와 오늘날의 결핵」, 《하와이 의학 저널(Hawaii Medical Journal)》, 2011년 7월. www.ncbi.nlm.nih.gov/pmc/articles/PMC3158372/

C. 테베스·P. 비아기니·E. 크루베지, 「천연두 재발견」, 《임상 미생물학과 감염》, 2014년 3월. www.clinicalmicrobiologyandinfection.com/article/S1198-743X(14)60860-0/fulltext.

윌리엄 G. 반 판후이 외, 「1888년부터 현재까지 미국의 전염병」, 《뉴잉글랜드 의학 저널》, 2013년 11월 28일. www.ncbi.nlm.nih.gov/pmc/articles/PMC4175560/

「MMR 백신과 자폐증을 연결하는 웨이크필드의 기사는 사기였다」, 《영국 의학 저널》, 2011년 1월 6일. www.bmj.com/content/342/bmj.c7452.

사이먼 워럴, 「백신의 이상한 역사—그리고 사람들은 왜 백신을 두려워하는가」, 《내셔널 지오그래픽(National Geographic)》, 2017년 2월 26일. www.nationalgeographic.com/news/2017/02/vaccine-race-history-science-politics-meredith-wadman/

사이먼 워럴, 「예방 접종의 역사」, 《미국 국립과학아카데미 회보(Proceedings of the National Academy of Science of the United States of America)》, 2015년 8월 26일. www.ncbi.nlm.nih.gov/pmc/articles/PMC4151719/

라디오

수전 브링크, 〈젖 짜는 여자와 천연두 백신에 관한 진짜 이야기는 무엇인가?〉. 미국 공영 라디오 방송(NPR), 2018년 2월 1일. www.npr.org/sections/goatsandsoda/2018/02/01/582370199/whats-the-real-story-about-the-milkmaid-and-the-smallpox-vaccine.

텔레비전

〈면역과 백신 설명〉, NOVA, PBS, 2014년 9월 9일. www.pbs.org/video/nova-immunity-and-vaccines-explained/

〈소아마비 운동〉, The American Experience, PBS, 2009. vimeo.com/29504165.

〈미국 소아마비 백신: 그때와 지금〉, NOVA, PBS, 2014년 9월 9일. www.pbs.org./wgbh/nova/video/us-polio-vaccines-then-and-now.

웹사이트

미국 질병관리예방센터(Centers for Disease Control and Prevention), 「진단과 평가」. www.cdc.gov/smallpox/clinicians/diagnosis-evaluation.html.

미국 질병관리예방센터, 「천연두의 기원」. www.cdc.gov/smallpox/history/history.html.

미국 질병관리예방센터, 「소아마비 VIS」. www.cdc.gov/vaccines/hcp/vis/vis-statements/ipv.html#reaction.

미국 질병관리예방센터, 「천연두: 징후와 증상」. www.cdc.gov/smallpox/symptoms/index.html.

미국 질병관리예방센터, 「천연두의 확산과 근절」. www.cdc.gov/smallpox/symptoms/index.html.
미국 질병관리예방센터, 「소아마비란 무엇인가?」. www.cdc.gov/polio/about/index.htm.
필라델피아 의과대학, 「백신의 역사」. www.historyofvaccines.org/content/protection-cowpox-infection.
프랭클린 D. 루스벨트 대통령 도서관 및 박물관, 「저는 소아마비가 유행하는 것을 매우 우려해 왔습니다…」. www.fdrlibrary.org/documents/356632/390886/polio_nfipcreation.pdf./e0c36fdc-5a79-4d7c-a57c-c8b43637e019.
프랭클린 D. 루스벨트 대통령 도서관 및 박물관, 「프랭클린 루스벨트와 소아마비」. www.fdrlibrary.org/polio.
〈헬스풀리(healthfully)〉, 「천연두의 영향을 받는 신체 시스템」, 프랭크 휘트모어, 2017년 7월 27일. healthfully.com/body-systems-affected-smallpox-5368472.html.
〈히스토리 채널(History Channel)〉, 「천연두의 흥망성쇠」, 제시 그린스펀. www.history.com/news/the-rise-and-fall-of-smallpox.
하워드 휴즈 의학연구소(Howard Hughes Medical Institute), 「보이지 않는 것을 관찰하기: 판 레이우엔훅의 미생물 세계의 첫 관측」, 2014년 10월 21일. www.youtube.com/watch?v=ePnbkNVdPio.
예방접종행동연합(Immunization Action Coalition), 「백신 연표」. www.immunize.org/timeline/
라브루츠(Labroots), 「인두접종부터 백신접종까지」, 케리 에반스, 2017년 1월 1일. www.labroots.com/trending/microbiology/4928/variolation-vaccination.
10센트 모으기 운동(March of Dimes), 「우리 이름의 기원」. https://www.marchofdimes.org/mission/eddie-cantor-and-the-origin-of-the-

march-of-dimes.aspx.
메이요 클리닉(Mayo Clinic), 「광견병」. www.mayoclinic.org/diseases-conditions/rabies/symptoms-causes/syc-20351821.
메이요 클리닉, 「천연두: 증상과 원인」. www.mayoclinic.org/diseases-conditions/smallpox/symptoms-causes/syc-20353027.
국립보건원(National Institutes of Health), 「생물학: 국립보건원의 짧은 역사」. www.history.nih.gov/exhibits/history/docs/page_03.htm.
노벨상위원회(The Nobel Prize), 「로버트 코흐」. www.nobelprize.org/prizes/medicine/1905/koch/biographical/
옥스퍼드 백신 그룹(Oxford Vaccine Group), 「백신은 어떻게 작동하는가?」, 2018년 5월 25일. www.ovg.ox.ac.uk/news/how-do-vaccines-work.
PBS, 〈과학 오디세이: 사람과 발견〉, 「세계보건기구(WHO)의 1980년 천연두 근절 선언」, www.pbs.org/wgbh/aso/databank/entries/dm79sp.html.
캘리포니아 대학교 버클리 고생물학 박물관(University of California Berkeley Museum of Paleontology), 「안토니 판 레이우엔훅」. ucmp.berkeley.edu/history/leeuwenhoek.htm.
유튜브(YouTube). 〈미생물학: 과학사 단기 집중 과정 #24〉, 2018년 10월 15일. www.youtube.com/watch?v=2JdBH2tys6M.

지은이의 말

위대한 생각이 이전의 덜 알려진 위대한 생각의 어깨 위에 올라서 있다고 말하는 사람은 제가 처음이 아닙니다. 그러나 반복한다고 해서 진실함이 줄어드는 건 아니지요. 덜 흥미로워지는 것도 아니고요! '세상을 바꾼 위대한 아이디어' 시리즈는, 마침내 세상을 다시 만들어 낸 생각들이 어렵사리 계승된 것을 기념합니다.

백신을 도입하는 것은 매우 위대한 생각이었습니다. 백신은 위생과 깨끗한 물과 함께 공중보건의 엄청난 발전을 예고했습니다. 이 세 가지는 수억 명의 목숨을 구했습니다. 이들은 인간 수명을 늘리는 데 도움을 주었고, 복잡한 현대 문명을 받치는 기둥입니다.

민간 지식과 분별 있는 통찰력이 합쳐져, 우리에게 천연두에 대항한 최초의 백신을 가져다주었습니다. 사려 깊은 관찰자들이 천연두가 한 번만 공격한다는 것을 알고, 가벼운 천연두가 더 치명적인 천연두를 피하게 해 줄 수 있을 거라고 추측했습니다. 접종 또는 인두접종이라고 불리는 시술이었습니다. 그건 훌륭한 해결책이었지요. 그렇지 않을 때만 제외하고요. 가벼운 천연두로 감염시키면 때때로 본격적이고, 치명적이면서, 외모를 훼손하는 천연두를 일으켰습니다. 접종은 건강을 걸고 일종의 러시안룰렛을 하는 것과 비슷했습니다. 그 후 에드워드 제너가 중요한 사실에 주목했습니다. 훨씬 더 순한 병인 우두에 걸렸던 사람이 실제로 천연두에 걸렸던 사람과 마찬가지로 천연두 방어력을 얻는다는 것입니다. 그리고 여기에는 사망하거나 외모가 망가질 위험도 없었습니다. 이 관찰로 천연두 백신을 만든 위대한 생각이 탄생한 것입니다.

제너는 백신이 효과 있다고 뽐낼 수 있었지만, 어떻게 효과가 있는지 설명하라고 압박받았을 것입니다. 그러나 설명을 못 했어요. 솔직히 말해서, 제너가 이해한 정도는 햄스터가 캔 따개의 원리를 이해하는 것 정도였습니다.

즉, 아무것도 몰랐다는 이야기지요.

백신이 어떻게 효과가 있는지를 설명하려면, 네덜란드의 아마추어 과학자인 안톤 판 레이우엔훅이 현미경으로 호숫물을 관찰한 공헌이 필요합니다. 저는 애초에 왜 그가 호숫물을 관찰했는지 궁금히 여겨 왔습니다. 이유는 딱히 없어 보입니다. 이건 분명… 분명합니다. 아, 물고기가 있었겠지요. 그러나 도대체 어떻게 현미경으로만 보일 정도로 아주 작은 것들이 호숫물 안에 있을 거라는 위대한 생각을 했을까요?

어쨌든 안톤 판 레이우엔훅은 그만큼 궁금했고, 이전까지 알려지지 않은 세균의 세계를 드러냈습니다. 그의 뛰어난 호기심에서 시작해 코흐와 파스퇴르의 발견, 미생물학의 탄생, 바이러스 연구, 한 백신에 이은 또 다른 백신의 출시까지 곧장 이어질 수 있었고, 이는 전부 우리 모두에게 헤아릴 수 없는 보건 혜택으로 돌아왔습니다.

그러나…

1998년에 영국의 의사 앤드루 웨이크필드가 홍역과 볼거리, 풍진(MMR) 혼합백신이 자폐증을 일으킬 수 있다고 강력히 주장했습니다. 뒤이은 과학적 자료가 웨이크필드가 사기꾼에다가 거짓말쟁이라는 것을 증명했습니다. 그런데도 일부 사람들은 증거를 무시하고 예방접종을 거부하며 다른 이들의 건강을 위험에 빠뜨립니다. 이것은 불행하게도 과학과 과학적 탐구를 향한 적대감이 수면 위로 올라왔다는 증거입니다. 과학적 근거가 앞서 존재하던 믿음에 들어맞지 않을 때 조롱당하든, 비도덕적인 정치·문화적 음모로 날조되어 입증할 수 없는 주장에 의해 폄하되든, 정확한 과학에 점점 더 의지하는 세상에 이것은 암울하고 위협적인 상황 변화입니다.

이와 달리, 저는 단호하게 과학과 과학적 탐구의 편에 섭니다. 저는 과학적인 위대한 생각과 세상을 바꾼 모든 종류의 위대한 생각에 열광합니다. 그리고 위대한 생각이, 위대하든 사소하든, 종점이 아닌 시간을 가로질러 뻗어 있는 연속된 생각의 그저 한 정거장임을 기억하는 게 좋습니다. 위대한 생각에서 영감을 받아 성공했든 비참하게 실패했든, 생각들은 제가 이 시리즈에서 따라갈 발자취입니다. 게다가 다른 여행이 그렇듯이, 목적지보다 길을 가는 그 과정이 즐거운 법입니다.

글 · 그림 **돈 브라운**(Don Brown)

독자들의 공감을 불러일으키는 이야기를 쓰고 감동적인 그림을 그리는 저자이자 일러스트레이터이다. 특히 열정적으로 살아간 사람들의 기쁨과 아픔, 행복과 슬픔을 독자들과 함께 나눌 수 있는 작품을 만들고 있다. 그의 책들은《워싱턴 포스트》,《뉴욕 타임스》,《스쿨 라이브러리 저널》,《혼 북》, 뉴욕 공립도서관 등의 찬사를 받았으며, 선구적이고, 세심한 공이 들어갔으며, 동정심을 불러일으키고, 솔직하다는 평을 받았다. 그가 쓰고 그린 책으로『시리아 난민 이야기』,『흙보다 더 오래된 지구』,『공포의 먼지 폭풍』등이 있다.

옮긴이 **정초하**

수의과대학을 졸업하고 임상 수의사로 일하고 있다. 수의학, 생물학 지식을 더 많은 사람에게 소개하고 소통하는 데에도 관심을 가지고 있다.

세상을 바꾼 위대한 아이디어 1

백신의 역사

1판 1쇄 발행	2021년 3월 30일
1판 4쇄 발행	2022년 6월 24일
글 · 그림	돈 브라운
옮긴이	정초하
펴낸이	조추자
펴낸곳	두레아이들
등록	2002년 4월 26일 제10-2365호
주소	(04075)서울시 마포구 독막로 100 세방글로벌시티 603호
전화	02)702-2119(영업), 703-8781(편집), 02)715-9420(팩스)
이메일 · 블로그	dourei@chol.com | blog.naver.com/dourei

• 책값은 뒤표지에 적혀 있습니다. 잘못 만들어진 책은 구입하신 곳에서 바꾸어 드립니다.

ISBN 979-11-91007-05-3 77400